生命教育研習手冊

Life Education

尉遲淦、邱達能、張孟桃◎著

序　言

　　這本手冊的出版說來話長，最早和生命教育結緣是在民國87年，那一年剛好臺灣省政府開始針對高中資優女生的不倫與自殺事件思考如何解決的問題。當問題有了初步的答案以後，當時的省教育廳希望能夠從中小學開始推動起，希望從小紮根可以為未來問題的發生起到預防的作用。所以，就想到用種子教師的培育方式，一方面培育能夠在中小學教授生命教育課程的師資，一方面也可以讓社會大眾了解政府在解決問題的時候是系統地解決，而不是頭痛醫頭，腳痛醫腳。當時，我有幸在南華大學的生死學研究所任教，又兼任所長的職務，在前任創所所長鈕則誠教授的引薦下，一起為生命教育種子教師的培育工作努力。

　　本來，能肩負如此重責大任是一種很喜悅和備感榮譽的事情，但隨著當時條件的不具足，有關生死學的學術地位仍在建構之中，所以我們也就在一邊摸索，一邊建構的過程中嘗試性地提出一些生命教育的想法。雖然這樣的嘗試性作為難免會有一些風險，但在聊勝於無的情況下，這樣的嘗試還是很有價值的。就在這樣的嘗試過程中，我們結合了生死學背景的專長，試圖建構一套與既有生命教育不同的思維成果。

　　當時，在一切都沒有最後定論的情況下，到底生命教育要走什麼樣的路？這樣走的結果是足以產生解決問題的答案，還是依舊陷入當年道德教育的窠臼？嚴格說來，大家都在嘗試之中。只是後來在死亡禁忌和教育就是要教育光明思維的引導下，生命教育成為最後解決問題的正式名稱。不過，無論名稱怎麼訂，這樣的訂到底能不能解決問題，還是我們最終關注的重點。

　　經過這二十幾年的思考，再加上對現有生命教育的省思，我們認為應當有個更深入的反省，提出一個不同於既往版本的答案，作為從事生命教育教學工作的老師一個另類的參考，讓大家清楚知道生命教育從來都不是定於一尊的。因為，生命教育要解決的問題是人人各異，它的對象不只是小學生，還包括幼兒園的小朋友；不只是大學生，也包含社會人士。既然如此，我們就不該侷限自己，只把自己鎖定在某種既有的說法當中，而要面向大家，面向所有需要生命教育協助的人，使他們的問題可以在參考中獲得某種程度的借鏡與啟發。

　　現在，這些年來對於生命教育的思考終於可以結晶成為一本書籍，也是一個成果的里程碑，經由我個人和仁德醫護管理專科學校的邱達能主任、仁德醫護管理專科學校的張孟桃老師三人的共同努力，這本書終於可以以現在的面目出現。由於我在三人當中年歲最長，輩分最高，在他們兩人的謙讓下，我就不揣淺陋地代表我們三人為之序，希望對所有的讀者能夠提供另外一種想法。最後，我們當然更要感謝揚智出版社的閻總編輯及所有編輯群的工作人員，沒有她們的努力付出，這本書的出版就會遙遙無期！

尉遲淦
邱達能　謹識
張孟桃

目　錄

1 <u>生命教育的源起</u>

第一節　問題的由來

　　表面看來，生命教育就是我們今天所見那樣，是一種關懷生命的教育。可是，對於生命教育的這種理解究竟正確不正確，其實我們並不清楚。對我們而言，我們對於一個事物的理解常常是以所見為憑，認為我們所見是什麼，那麼它一定就是什麼。如果它不是這樣，那麼我們就不可能看成這樣。現在，我們既然把它看成這樣，那麼它一定就是這樣。問題是，在沒有來龍去脈的理解下，我們怎麼知道這樣的理解就是事實的全貌？或許它只是浮現在水面上的冰山一角，也可能只是一種瞎子摸象的結果。如果我們希望能夠正確理解生命教育的意義，那麼就不能停留在我們的眼前所見，而要深入探討使生命教育得以出現的背後問題。因為，就是存在這樣的問題，才使得生命教育不得不出現。

　　那麼，這樣的問題是什麼樣的問題？如果想要知道的話，那麼就必須回溯到二十三年前的民國86年。在那一年，臺中發生了一件高中女生自殺的事件。本來，從現在的角度來看，高中女生自殺也不見得有多麼地不平常。雖然它不是很多，但仍然有發生的可能。既然如此，那麼為什麼要特別提出來討論，彷彿這是一個很重大的事件？只要加以深入了解，就會發現這樣的事件之所以被特別提出來討論，是因為它不是一般的高中女生自殺，而是資優生的自殺。在我們的教育中，資優生通常被賦予特殊的地位，她們不但聰明，還特別懂事，更是國家未來的希望所在。在正常情況下，她們應該只會好好地讀書，絕對不會想到自殺的事情。因此，對於這麼特殊的人物為什麼要自殺，社會當然就要嚴正以待，好好檢討，看到底哪裡出了問題？

　　在事件發生之後，當時的臺灣省省議會剛好處在會議期間，於

是，就有省議員利用質詢時間質詢當時的省教育廳廳長，要求他對這一事件提出解決的辦法。面對這樣的質詢，當時的省教育廳廳長如果只是按照一般的慣例回答，那麼必定會帶來更多的批評。之所以這樣，是因為這個回答能夠給的答案就是道德教育。可是，道德教育如果是成功的，那麼臺中女中的資優生就不應該自殺。現在，臺中女中資優生自殺是一個事實，這樣的事實告訴我們的就是既有的道德教育是失敗的。如果真是這樣，那麼要用既有的道德教育來解決問題顯然是緣木求魚。所以，當時的省教育廳廳長就只能另謀他途，設法提供不同於既有道德教育的答案。

問題是，要提出不同於既有道德教育的答案並沒有表面看的那麼簡單。因為，對於上述的問題我們既有的答案就只有道德教育，如果希望提出一個不同於道德教育的答案，那麼就必須事先有所準備。可是，由於這樣的自殺事件是一個突發的事件，省議員之所以提出質詢也是一件偶然的事情，所以要省教育廳廳長事先就準備好答案根本就不可能。那麼，當時的省教育廳廳長面對這樣的困境應該怎麼辦才好？幸好，當時的省教育廳廳長機智過人，反應特別快，面對這樣的質詢，很快說他會提出一個新的教育方案來解決這個問題。這麼一來，有關高中資優女學生的自殺事件就算暫時告一段落。

 ## 第二節　對問題處理的進一步發展

如果按照一般臺灣官場的慣例，本來，只要質詢當時能夠順利過關，那麼事後就算沒有處理也不會有人追究，除非後來又發生類似的事件，那麼這時才會有人舊事重提。即使是這樣，也不見得會有多大的問題，頂多在被責難時多難過幾天罷了！因此，一般官員都把質詢時的答覆看成是一種表面上的應付，等到質詢完畢後就當成沒有發生

過這麼一回事。可是,當時的省教育廳廳長和一般官員不同,他把這樣的答覆看成是一件很嚴肅的事情,認為必須找到合適的答案來解決問題。

但是,要怎麼找呢?對於這個問題,我們可以有兩種不同的思考:第一就是從臺灣本身去找;第二就是從國外去找。如果從臺灣本身去找,就會擔心所找到的課程是否能夠幫忙解決問題。如果從國外去找,就會擔心所找到的課程是否適合我們。所以,無論是從臺灣本身去找還是從國外去找,都會有我們需要擔心的問題。如果真是這樣,那麼還有沒有第三條路可以選擇?也就是一方面有助於問題的解決,一方面又可以適合我們。對他而言,如果可以找到這樣的答案,那就是最好的了。

可是,想要找到這樣的答案並沒有表面看的那麼簡單。首先,就臺灣本身尋找的部分來看,我們要找的就不能是既有道德教育的答案,但又不能完全和道德教育無關。因為,高中資優女生的自殺事件顯然和道德教育有關。如果不是道德教育出了問題,那麼高中資優女生應該就不會自殺。由此可見,當我們在思考如何尋找答案的時候就不能從既有的道德教育來思考,也不能從與道德教育完全無關的角度來思考。

其次,就國外尋找的部分來看,我們要找的就不能是和高中資優女生自殺事件無關的課程。如果是這樣的課程,那麼就算我們找到了,對我們所要解決的問題也不能帶來什麼樣的幫助。所以,如果要找的話,就必須尋找和高中資優女生自殺事件有關的課程。也就是說,必須和生命有關。因為,如果不是她對生命的看法出了問題,那麼她應該就不會採取自殺作為解決問題的手段。所以,當我們從國外尋找答案時自然就必須把這一點納入主要的思考部分。

依據上述這些思考,在找答案時他找到了什麼樣的答案?就臺灣的部分,他找到了臺中曉明女中的人格修養課程作為答案;就國外

的部分，他找到了生命教育的課程作為答案。那麼，他為什麼會把這些答案看成是答案呢？表面來看，他之所以把臺中曉明女中的人格修養課程看成是臺灣的答案，主要是因為他認為人格修養課程和既有的道德教育不同。它雖然也是道德教育的一環，卻不同於既有的道德教育。同樣地，他之所以把澳洲的生命教育課程看成是國外的答案，主要是因為他認為生命教育課程不同於既有的道德教育課程，它關心的不是道德的問題而是生命的問題。

 ## 第三節　選擇背後真正的理由

那麼，對於這樣的答案我們應該如何判斷？是要認為它們是適切的，所以可以解決問題；還是認為它們是不適切的，所以解決不了問題？對於這樣的問題，我們不能繼續停留在表面的理由，而需要更深入地去省思這樣的理由。如果只是繼續停留在表面的理由，那麼就必須選擇相信他的看法。可是，這樣相信的結果會使我們陷入非理性的狀態。如果不想這樣，那麼就必須深入上述理由的背後，看這樣的理由是否成立？以下，我們針對上述兩個答案分別深入省思。

首先，就第一個答案來看，人格修養和既有的道德教育課程又有什麼不同？在此，我們先要了解既有的道德教育課程為什麼不能解決高中資優女生自殺的問題，如果沒有事先了解，那麼就沒有辦法找出問題的癥結點，自然也就沒有辦法說出人格修養課程之所以能夠解決高中資優女生自殺問題的真正理由所在。那麼，既有的道德教育課程為什麼沒有辦法解決高中資優女生自殺的問題？這是因為既有的道德教育課程所培養的不是一種個人的道德，而是一種社會的道德。對既有的道德教育課程而言，它之所以把重點放在社會道德的培養，是因為它要培養的不是一般人，而是社會的公民，它必須讓這樣的公民

在行為上能夠符合社會的要求。如果它所培養的公民不能符合社會要求，那麼它就算是失敗的。相反地，如果它所培養的公民在行為上能夠符合社會的要求，那麼它就是成功的。因此，它的重點是放在如何讓被培養的人在行為上能夠符合社會要求，至於有沒有透過真正的自覺加以內化，那就不重要了。

本來，這樣的培養也不見得會有問題，因為在一般情況下，個人的行為狀態是穩定的，基本上是按照社會所要求的行為，我們不用擔心這樣的培養會有例外。可是，在碰到特殊情況時，可能就會要求她要進行自我抉擇。問題是，這樣的抉擇不見得是一種單純的規定，而會要求她提出理由。倘若她提不出理由，或提出的理由不見得支持得了她做出符合社會要求的行為，那麼她可能就會做出不符合社會要求的行為，而違反社會的道德規定，如此一來，她就會受到社會的道德譴責。

為了更清楚上述的說法，我們回到高中資優女生自殺的事件上。對該女生而言，她並不是不知道她所做的行為不符合社會的道德要求。可是，在當時她實在不知道還可以有什麼樣的選擇？之所以這麼說，是因為當時她正處於母喪期間，全家人都遭受很大的打擊。對她們而言，母親是家中很重要的一根支柱，現在支柱沒有了，全家都處於極度悲傷的狀態。所以，在各自悲傷的情況下就沒有多餘的心力可以安慰別人。

可是，有沒有多餘的心力安慰別人是一回事，需不需要別人的安慰則是另外一回事。在沒有人安慰的情況下，她的悲傷情緒一直沒有辦法得到平復。不僅如此，在學校的時候，老師和同學也沒有特別注意她的悲傷情緒，所以也沒有給予較多的安慰，讓她的內心陷入極度孤獨無依的狀態。問題是，她只是一個十幾歲的少女，從來沒有遭遇過這樣的問題，現在要她獨自去面對，說實在她沒有面對的能力。就在她不知如何是好時，她常去的一家超商的店長發現她的異樣。經過

詢問之後，她說出了喪母的處境。於是在店長的安慰下，她找到了心靈的支柱。

倘若事情的發展就到此為止，那麼這樣的安慰就是一件好事。出乎意料之外的是，這種偶然的安慰竟然變成了異性之間的戀情。本來，如果男未婚女未嫁，那麼問題也就不太嚴重，就算社會有非議，最多就集中在年齡的差異上，說男方是老牛吃嫩草。不幸的是，男方不只年長很多，還結了婚。在這種情況下，他們之間就變成了不倫戀情。對當時的社會而言，這樣的戀情是完全不能被接受的。因此，在社會龐大的壓力下，他們只好選擇殉情的做法，最後雙雙踏入死亡的境地。

經由上述的分析我們發現，高中資優女生的處境不是一般的處境。如果是一般的處境，或許她就不會選擇違背社會道德要求的行為。可是，她所身處的環境是一個需要她選擇的處境。面對這樣的處境，她需要有一個可以讓她做出合理抉擇的標準。對她而言，道德教育原本所提供的標準並不足以滿足她的需求，而能夠滿足她的需求的行為卻又違反了社會的道德要求。在這種情況下，她是要符合社會的道德要求而陷於悲傷的不安當中，還是要違反社會道德的要求而獲得內心的支柱？對她而言，這是一個很難下定決心的選擇，但卻是必須要做的選擇。在這種兩難的情況下，她選擇滿足內心支柱的需求而不去理會社會的道德要求。所以，她才會和店長之間出現所謂的不倫之戀。由此可見，對於這種道德自覺的要求，不是既有的道德教育課程所能提供的，它所能提供的就只是一種不自覺的外在規範。

針對這樣的不足，他發現上述的人格修養課程恰巧可以填補這樣的不足。對臺中曉明女中而言，它是一所天主教的教會學校，它所培養出來的學生不只要會念書，還要人格健全，也就是所謂的品學兼優。在這種要求下，它對學生的人格修養教育所強調的就不是外在的強迫灌輸，而是內在的自覺內化。經由這樣的過程，當學生在面對道

德上的兩難抉擇時，她可能就有能力做出合理的正確決定，也才不會像高中資優女生那樣做出錯誤的決定，以至於付出生命的代價。

其次，就第二個答案來看，生命教育課程和既有的道德教育課程又有什麼不同，為什麼它有助於解決高中資優女生的自殺問題？正如上述所說，既有的道德教育課程重點在於培養公民做出符合社會道德要求的行為，至於有關個人生命存在的問題就不在它的考慮範圍之內。因此，當高中資優女生自殺事件要求正視生命的問題時，它就沒有能力加以處理。倘若還是要勉強去處理，那麼就只能提供一套意識型態式的道德生命觀，嚴格說來，對於解決問題其實是沒有幫助的。因為，與生命有關的問題是複雜的，需要更多的探討，而不是一套既定的答案就可以解決的。

既然如此，澳洲的生命教育課程為什麼有助於解決問題？這是因為澳洲的生命教育課程針對的是生命的問題。對它而言，青少年的生命之所以有問題，是因為他們受到了暴力與毒品的傷害。如果沒有暴力與毒品的傷害，那麼青少年的生命就會過得既正常又健康。所以，如何讓青少年遠離暴力與毒品是生命教育課程很重要的課題。同樣地，自殺也是暴力問題中的一種，只是這種暴力和一般暴力不一樣，它的對象不是別人而是自己，所以，在解決問題時本質上並沒有什麼不同。由此可見，生命教育課程之所以有用，主要理由在於它關心的是個人的生命，而不是社會的行為規範。

經由這兩個答案背後理由的省思，我們發現他的選擇是有理由的。如果這些理由不是扣緊個人的道德自覺與內化，也不是扣緊個人對於生命問題的關懷，那麼他就不會選擇這樣的答案。所以，從這一點來看，他所選擇的答案確實有針對既有的道德教育課程的不足，也有針對高中資優女生自殺的問題做處理。既然做了這樣的處理，那麼在高中資優女生的自殺問題上他自然就要比既有的道德教育課程來得強，也比較容易看出教育的成效。至於是否一定能夠完全解決高中資

優女生的自殺問題，甚至於一般青少年的自殺問題，說眞的，對於這一點就沒有人可以做絕對的保證。因爲，答案因人而異，我們很難做統一的規定。不過，在他們選擇這樣的作爲時至少已經做過理性的思考，也非常清楚自己應當付出的代價和所要擔負的責任。

2 生命教育的意義

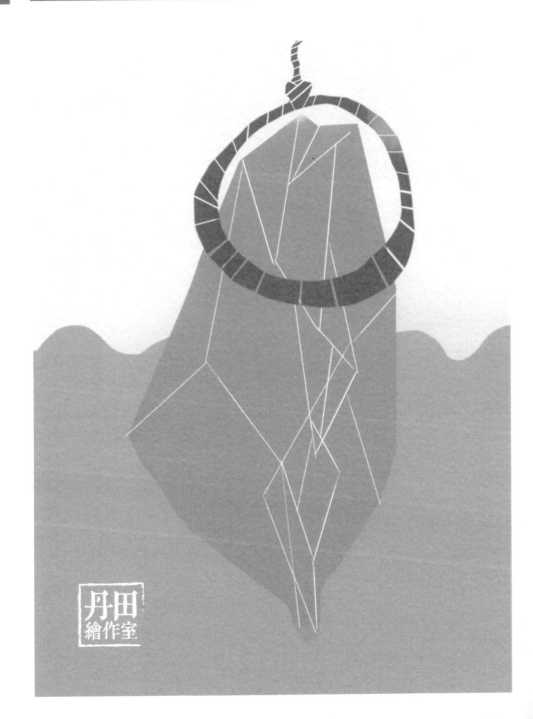

第一節　生命教育課程名稱的爭議

　　對所有的人而言，只要他對生命教育的源起不了解，那麼他就會認為生命教育課程的內容就是今天所見的那樣，對於這樣的課程內容他是不會質疑的。可是，只要是對生命教育課程源起有所了解的人，對於這樣的課程內容其實不是全然沒有疑慮的。之所以如此，是因為生命教育的課程內容不是一開始就這樣，而是在時間與人為因素的影響下逐漸形成了今天這樣的面貌。因此，為了確實了解生命教育課程的內容為什麼會以今天這樣的面貌出現，我們有必要對當初課程名稱的爭議有所了解。

　　正如上述所言，生命教育課程的出現是為了解決高中資優女生自殺的問題。既然要解決的是自殺問題，那麼這就是和社會秩序維護有關的問題。因為，對社會而言，要維護社會秩序就必須穩定社會人口存在的正常。如果不正常，例如人們動不動就自殺，除了會引起模仿的效應之外，還會在人口減少到一定程度以後導致社會秩序的崩潰。所以，對一個正常的社會而言，它絕不允許自殺事件的發生。倘若人們想要採取自殺的行為，那麼它是會嚴格禁止的。就這一點來看，自殺行為的確是違反社會的道德。

　　但是，從社會道德的角度來看自殺的問題是一回事，其實它還可以從生命的角度來看，嚴格說來，生命的角度實際要比社會道德的角度來得更根本。之所以會這麼說，是因為社會道德的存在是奠基於生命存在的前提上。如果社會本來就沒有生命的存在，那麼社會的道德要存在根本就不可能。由此可見，生命的存在要優先於社會道德的存在。既然如此，如果我們想要更徹底的了解自殺的問題，就必須深入到生命的層次。唯有進到生命的層次，我們才會知道一個人之所以選

擇自殺的理由到底為何。也就是說,深入到生命的層次,才會清楚知道這個自殺的人對生命的看法是什麼。

基於上述的探討,我們才知道有關高中資優女生的自殺為什麼要深入到生命的層次,也才知道為什麼對於自殺問題要深入到生命的層次來處理。既然如此,這就表示用生命教育的名稱來稱呼這樣的課程是沒有問題的。如果我們不採用生命教育而採用其他的名稱,那麼這樣的名稱就會顯得很不相應,我們便很難從名稱上了解這門課程的內容究竟是什麼。如果不想出現這樣的結果,那麼在名稱的選擇上自然只有生命教育這個名稱可以選擇。如果真是這樣,那為什麼我們在前面還會說這樣的名稱是有爭議的呢?對於這個問題,需要我們進一步的說明。

原來,這門課程的名稱當初並非採用生命教育,而是採用其他的名稱,再逐步修正來的。最早這門課程建議的名稱是死亡教育,而非生命教育。為什麼會建議採用死亡教育的名稱,是因為自殺問題表面看來是和生命有關,其實更和死亡有關。之所以會這麼說,理由其實很清楚,就是自殺所帶來的後果就是死亡。如果不是自殺,那麼生命也就不會進入結束的狀態。對自殺的當事人而言,她之所以選擇自殺作為手段,目的在於結束生命,希望藉著生命的結束來解決她不想面對或無法面對的問題。就這一點而言,自殺問題與其說是與生命有關,倒不如說與死亡有關。既然與死亡有關,那麼這門課程最初建議的名稱就沒有錯,可以使用死亡教育來稱呼這門課程。

如果是這樣,為什麼後來名稱還是改變了呢?當時這個名稱被提出來時,就有許多人持反對意見。他們反對的理由很清楚,就是這門課程是要解決自殺的問題,而不是要教導學生學習如何死亡。如果我們採取這樣的課程名稱,那麼人們就會誤以為學校開設這門課程的用意在於教導學生學習死亡。如此一來,不但解決不了自殺的問題,還會帶來更多自殺的困擾。因此,為了避免誤會,也為了避免不必要的

困擾，最後決定不採用死亡教育這個名稱。

　　表面看來，當時不採用死亡教育來稱呼這門課程，是因為容易引起誤解。實際上，背後真正的理由並非如此。為什麼會下這樣的判斷？是因為在不採用死亡教育來稱呼這門課程以後，有人就建議說可以加上生字，把課程名稱變成生死教育。在有生的情況下，這樣的名稱就比較不會受到誤解，原則上應該就沒有問題。可是，面對這種新的改變，還是有不同的意見。對他們而言，課程名稱雖然加上一個生字，表面看來和死亡脫離直接的關係，但無論生字怎麼加，基本上都還沒有脫離原先的死字。在死字還存在的情況下，這樣的加並不會帶來太多正面的意義。所以，最好的做法還是不要採用比較好。就這樣，在死亡禁忌的影響下，無論是死亡教育還是生死教育，課程名稱最後都遭到了否決的命運。由此可見，死亡禁忌對生命教育課程名稱的決定影響有多大。

　　話雖如此，為什麼最後會選擇生命教育作為這門課程的名稱？關於這一點，我們必須從傳統的思考習慣著手。對傳統文化來說，凡事最好是往正面的方向看。只要往這個方向去看，那麼事情的發展最後一定就會往這個方向發展。所以，遭遇事情時最好的做法就是樂觀地往正面的方向想。這麼一來，事情就算不太容易解決，最終還是會比較樂觀的。於是在這種精神的引領下，當時的人認為生命教育是一個正向的名稱。只要使用這樣的名稱，那麼有關高中資優女生的自殺問題就比較容易解決，也比較能夠為學生帶來光明的希望。就是這樣的思考，使得生命教育最終成為這門課程的正式名稱。

第二節　生命教育的一般理解

　　既然定為生命教育，那麼到底什麼是生命教育？如果從字面的意思來看，所謂的生命教育，顧名思義，就是教育生命，表示人本來是不知生命的意義是什麼，經過教導之後才知道生命的意義是什麼。因此，生命教育就是教導人們了解生命意義的課程。可是，這樣理解的結果卻遭受到一些質疑。關於這樣的質疑，主要集中在生命的意義到底可不可以教？如果生命的意義是可以教的，那麼安排生命教育的課程來教導學生生命的意義就沒有問題。如果是不能教的，那麼安排生命教育的課程就有問題。所以，安排課程教導學生生命的意義是否有問題，就要看生命的意義到底可以教還是不可以教。

　　對於這個問題可以有不同的答案，認為不可以教的答案來說，生命本身就有它的意義，我們只能依照它原先的軌跡使之逐一實現，而不能人為地想要去改變它。如果用人為的方式去改變它，那麼這就不是原先的生命意義，就算最終改變成功了，這樣的改變對人也是沒有意義的。因為，生命要有意義，就要實現原先的意義，而不是別人強加改造的意義。

　　除了上述的理解以外，對於生命的意義是不可以教的還有另外一種理解。就這種理解而言，生命的意義之所以不可以教，不是因為它原本就擁有什麼意義，而是這樣的意義是要自己摸索出來的。因此，在它的摸索過程中人們只能尊重它的摸索而不能介入。一旦介入了，那麼它可能就會受到這種介入的干擾，以至於摸索出來的不是它本來應該有的意義，而是別人另外賦予的意義。對他們而言，這樣的意義賦予既不尊重當事人，也做了錯誤的示範。所以，就這一點來說，生命的意義是不可以教的。

　　至於支持生命的意義是可以教的人，他們認為，重點不在於生命本身是有意義還是沒有意義，而在於這樣的意義對學生而言本來不是不知道就是不清楚，如果沒有人為的教導，那麼要學生正確地認知與實現這樣的意義就會變得很困難。所以，必須要教導學生了解這樣的意義要怎麼認知與實現才不會有問題。基於這樣的了解，有關生命意義的問題當然是可以教的。

　　綜合上述的討論，那麼生命的意義究竟可以教還是不可以教？的確，正如反對可以教的人所說那樣，生命的意義只能自行摸索而不能強行灌輸。如果強行灌輸，那麼結果不是扭曲生命的意義，就是難以讓當事人欣然接受。如果不希望這樣，那麼就必須尊重當事人，讓當事人自行摸索。如果真是這樣，那就表示生命的意義不見得就不可以教，而是在教的時候不要犯了上述的錯誤。這麼一來，學生就可以在被尊重的氣氛下學習如何摸索出真正屬於自己的生命意義。

　　由此可知，生命的意義不是不可以教，只是在教的時候要注意不要採取灌輸的方式，而要讓學生自己去摸索。以過去傳統的道德教育方式來說，一般都採取灌輸的方式。現在，如果不想再採取灌輸的方式，那麼還可以採取什麼方式？就我們所知，還有啟發的方式可以用。對我們而言，所謂的啟發其方式就是在學習的時候不再站在教師的本位立場，而改以學生作為學習的中心，從學生的學習需求出發。也就是說，教師不再把自己認為的答案直接告訴學生，而是要協助學生自己去發現問題及找到答案。經由這種教學方式的改變，學生就可以培養自己有關發現問題與找到答案的能力。

　　那麼，經由這種啟發方式學生如何發現問題並找到屬於自己的答案？我們發現經驗是一個很重要的場所。過去，我們在教導學生有關道德的觀念時，通常採取的是講述的方式，也就是觀念的抽象灌輸，對於這樣的道德觀念並沒有具體的體會。因此，就算學到了這樣的觀念，也沒有真切的了解。所以，一旦遭遇具體相反環境的挑戰，

這樣的觀念就很難被堅持。如果我們不希望這樣的觀念那麼容易就被放棄，那麼就必須讓學生在經驗的情境中去體會這樣的觀念。如此一來，當學生遭遇類似相反情境的挑戰時就比較容易堅持下來。

表面看來，這樣的想法並沒有錯。的確，在經驗情境中體會道德的規定，確實比抽象講述中認知道德的規定要來得容易堅持。因為，對學生而言，這樣的規定不只是一種外在的規定，它同時也是一種內在的規定。這時，在遵守上自然就會比較容易一些。可是，只有這樣形成的規定還不夠。理由其實很清楚，因為這樣的規定並沒有告訴我們判斷的標準。如果我們沒有深入判斷的標準，而只是根據一時的感受做判斷，那麼判斷的結果還是很容易會出問題。因此，如果不希望判斷出問題，那麼就必須深入判斷的標準做反省。經過這樣的過程所形成的判斷就不只是一種知識的判斷，還是一種智慧的判斷。一旦學生對於道德的判斷進入到這樣的境界，那麼就可以說有關學生的生命教育算是成功了。

不過，只有這樣的成功還不夠。因為，這種判斷的反省可能還停留在社會道德的層面。實際上，社會之所以需要這樣的道德，不僅是因為社會本身的需要，還是個人生命的需要。對學生而言，社會只是他（或她）存在的一個層面，他（或她）還有其他的層面。如果反省的層面不夠完整，那麼最終在其他層面遭遇挑戰時，就算反省再有效，對於答案的堅持都會變得很困難。如果不希望這樣的反省失敗，那麼反省就不能只停留在社會層面，而要深入到生命本身，也就是天地人的架構當中。只有顧及到自然與超自然兩個層面，我們才能說這樣的反省是完整的，也才能說這樣形成的生命智慧是究竟圓滿的。

這麼說來，只要學生能夠形成這樣的生命智慧，那麼在面對負面的人生問題就會有解決的能力。表面看來，這樣的判斷並沒有錯。可是我們不要忘了，這種判斷的形成奠基在負面經驗的理解上。如果對於負面經驗都不理解，那麼要形成這樣的生命智慧是不可能的。

因為，生命智慧的形成不是只靠正面的經驗就可以，還需要負面的經驗。如果沒有負面經驗的考驗，那麼這樣的生命智慧也很難順利形成。所以，我們不只需要正面經驗的引導，也需要負面經驗的考驗。唯有經過這種辯證的過程，才是可靠的生命智慧。否則，一經負面經驗的挑戰，這樣的生命智慧可能就會兵敗如山倒。關於這一點，我們必須予以確實的注意。

經過上述的探討我們發現，生命教育確實和過去的道德教育課程不太一樣。過去的道德教育重在正面規範的灌輸，忘了負面經驗對於這些規範的挑戰。因此，只要負面經驗大於道德規範的承載能力時，這時所謂的道德規範就失去了對個人行為的約束力。所以，為了改正這樣的缺失，生命教育課程就很強調負面經驗的挑戰性。不僅如此，在深度上生命教育也要比過去的道德教育來得更深、更完整。對過去的道德教育而言，道德規範只限於社會層面的規範，而不是生命本身的規範。可是，對生命教育而言，道德規範不只是社會層面的問題，也是天地人架構下的生命問題。因此，只有在完整深入地思考整個生命，才能形成究竟圓滿的智慧，也才能徹底化解負面經驗的挑戰。

 # 第三節　生命教育的另一種理解

從上述的說明來看，現行的生命教育課程對於高中資優女生的自殺問題似乎具有很好的解決效力，也能進一步有效處理校園中有關暴力與毒品的問題。可是，這樣的處理真的沒有問題嗎？難道只要注意到負面經驗的挑戰和生命深度的完整性，就能確實解決高中資優女生自殺的問題，甚至是與校園暴力、毒品有關的問題？說真的，我們的看法並沒有那麼樂觀。因為，就我們所知，這樣的處理是就人的生命這一面而來的，所以，在處理上才會有全人教育的說法。可是，過

去對於全人教育的理解比較偏向生命這一面，並沒有完整地涵蓋死亡那一面。在涵蓋面不完整的情況下，想要解決高中資優女生的自殺問題，甚至是與校園暴力、毒品有關的問題，是不可能的。

在此，有人可能會提出反駁，認為現有的生命教育課程不是也有提過死亡的議題。既然也提過類似的議題，那就表示現有的生命教育並沒有忽略死亡這一面，那我們為什麼還要這麼說？對於這樣的反駁，我們當然需要進一步的說明。如果只是逕直地判斷現有的生命教育忽略了死亡這一面，那麼這樣的判斷就是主觀的，沒有根據的。所以，為了避免這樣的批評，我們需要進一步說明其中的原委，讓大家清楚為什麼我們會出現這樣的判斷。

那麼，我們判斷的依據是什麼？如果單純從有沒有涉及死亡議題來判斷，那確實容易有問題，因為，現有的生命教育課程中的確出現過與死亡有關的議題。既然出現過，那就表示確實提過與死亡有關的議題。因此，在判斷時就不能說它沒有提過相關的議題。如此一來，是否就要調整我們的判斷？其實，問題並沒有像表面看的那麼簡單。對我們而言，有沒有提過相關議題是一回事，用什麼方式來提則是另外一回事。在此，怎麼提才是問題的關鍵所在。

根據這樣的反省，現有的生命教育課程之所以有問題，不是因為它沒有提過與死亡有關的議題，而是所提的方式有問題。如果不是這樣，說真的，我們也不會提出這樣的批評。那麼，問題到底在哪裡？不是只要提出與死亡有關的議題就夠了嗎？難道在提到與死亡有關的議題時也可以有不同的提法？對於這個問題，確實需要我們給予進一步的說明。否則，在缺乏說明的情況下，一般人是很難理解的。

我們要怎麼說明呢？對一般人而言，有提到就夠了，是不需要考慮怎麼提的問題。可是，我們不一樣，這是因為我們要解決問題，否則我們是不需要那麼嚴格的。既然要解決問題，那麼就要問只提到就夠了嗎？還是說要考慮怎麼提？因為，不同的提法有不同的意義。如

果只是單純的提出，那就表示被提的對象沒有那麼重要，它只是依附在原先的主提者之下。也就是說，它的存在只是依附在生命之下。如果是這樣，那就表示生命的存在才是解決問題的主要角度，而死亡只是依附在生命之下的一個被處理的對象。

問題是，當自殺問題或是暴力問題或是毒品問題發生時，作為主導的力量通常都不是生命，而是與生命相反的死亡，或者是負面的經驗。因此，這時想要單純靠生命本身的力量來解決問題是不可能的，除非可以把死亡或負面經驗的部分一起帶進來。如果做不到這一點，那麼想要用生命或正面經驗的力量來解決問題是做不到的。因為，問題的發生來自死亡或負面經驗的作用，而非生命或正面經驗的作用。所以，如果真的想要解決問題，那麼就必須從死亡或負面經驗的重新理解出發。如果不是這樣，就算我們對於生命或正面的經驗理解得再好，對於問題的解決都很難使得上力。

如果上述的理解沒有錯，那就表示要解決問題就必須從死亡或負面經驗本身的重新理解出發。只有這樣做，我們才能找到解決問題的答案，也才能讓這個答案產生實際的效用。那麼，對於死亡或負面的經驗要怎麼重新理解呢？對此，我們需要把死亡或負面經驗統整到生命或正面的經驗中，使之成為整個經驗的一體兩面。當我們這麼做的時候，死亡或負面的經驗就不只是消極反面的作用，也可以是積極正面的作用。也就是說，它和生命或正面的經驗一起成就生命本身。透過這樣重新的理解，我們就會發現死亡或負面的經驗不只是終結生命的意義，也可以是完成生命的意義。既然如此，那麼在生命教育的課程中，我們就必須重新把死亡或負面的經驗納入，從一體的角度來看整個生命的完整與圓滿，而不是現有生死二分的做法。

3 生命教育的不同取向

第一節　生命教育為什麼會有不同的取向

　　照理來講，一門課程的出現通常都會只有一種理解方式。如果不只出現一種理解方式，而是出現多種理解方式，那麼只有兩種可能：其中一種就是這門課程本身就不清楚，在不清楚的情況下，每個人就可以依據自己的理解去建構，如此一來，所建構出來的內容當然就會五花八門，各有不同；另外一種就是這門課程雖然很清楚，但建構的人卻不是那麼清楚，因而他就會按照自己所理解的去建構，結果自然就會各有不同。由此可見，之所以會有不同的取向，不是受到課程本身就不清楚的影響，就是受到建構課程的個人理解不同的影響。

　　同樣地，在生命教育的課程當中也看到類似的現象。那麼，到底是什麼因素使得生命教育課程出現不同的取向？是來自於課程本身的不清楚？還是來自於建構的人對於課程有不同理解的結果？對於這個問題，需要做更深入的探討。如果可以弄清楚這個問題，那麼在課程建構上就可以知道為什麼會有不同取向的理由，也可以知道當中哪一種取向是比較可行或是不可行的。

　　在此，我們先探討第一種，就是認為生命教育之所以會有不同的取向，是受到本身不清楚影響的結果。如果真是這樣，表示生命教育本身是不清楚的，否則對生命教育的理解就不會有不同的取向出現。由此可見，生命教育之所以出現不同取向，來自於生命教育本身的不清楚。

　　真是這樣子嗎？就我們所知，如果要說生命教育本身真的不清楚，那就要證明它連要處理什麼問題都不知道。如果不能證明這一點，那麼這樣的判斷就是有問題的，也就表示說它要處理的問題其實很清楚。對於一個有問題的判斷，我們當然就不需要接受。也就是

說，以生命教育要處理的是高中資優女生自殺的問題來說，它的問題
是很清楚的，上述不清楚的判斷是錯誤的。

如果上述的判斷是錯誤的，那就表示生命教育之所以會有不同的
取向，不是受到生命教育本身不清楚的影響，而是受到建構生命教育
的人不同理解所影響的結果。對於這一點，我們不能只是想當然耳，
還要進一步證明這樣的答案是合理的。那麼，要怎麼證明這種主張的
合理性？面對這個問題，我們不得不回到生命教育課程當時出現了哪
些不同的取向？就我們所知出現的取向有很多種，有宗教取向、生理
健康取向、生涯發展取向、生活教育取向、生死教育取向等等。為什
麼會出現這麼多不同的取向？理由其實很簡單，就是建構生命教育這
門課程的人對於解決問題的認知不一樣，有人認為解決問題的關鍵是
宗教，有人認為是生理健康，有人認為是生涯發展，有人認為是生活
教育，有人認為是生死教育。由此可見，之所以會出現不同的取向，
主要在於建構生命教育的人對於解決問題的認知不同。

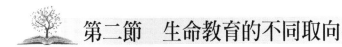

第二節　生命教育的不同取向

以下，我們進一步了解這些不同取向的相關內容。為什麼在正式
探討這些不同取向哪一個比較可行哪一個比較不可行之前，要先探討
這些不同取向的內容？是因為如果沒有先行了解這些內容，就會很難
分辨這些不同取向的內容是什麼。在對內容欠缺認知的情況下，又如
何可能對這些不同取向做批判？所以，先行了解這些不同取向的內容
是有必要的。以下，我們就上述五種不同取向的內容分別敘述之。

第一個是宗教取向的內容。就我們所知，所謂的宗教取向就是以
宗教作為解決問題的答案。以基督教來說，也就是對上帝的信仰。他
們為什麼會選擇對上帝的信仰作為解決問題的答案？是因為高中資優

女生之所以會自殺，是受到尋求內心支柱影響的結果。如果不是有內心支柱的需求，她就不會和超商的店長發生戀情，也就不會因著不倫之戀而自殺。因此，只要能夠找出取代超商店長角色的存在，也就是對上帝的信仰，那麼在新的存在的支持下她不單不會出現不倫之戀，也不需要自殺。這就是為什麼支持宗教取向的人會認為宗教信仰就可以解決生命教育問題的理由所在。

其次，我們要敘述的是生理健康取向的內容。就我們所知，所謂生理健康取向的內容就是以生理健康作為解決問題的答案。也就是個人的生理要能夠健康。那為什麼會選擇個人生理健康作為解決問題的答案？是因為他們發現高中資優女生之所以會自殺，是因為她的母親去世後心理就陷入不健康的狀態，所以她才會和超商店長發生不倫之戀。而她的心理之所以不健康，又是受到她的生理不健康的影響。所以，歸根究柢，這一切事情的發生都是來自於她的生理不健康。這就是為什麼支持生理健康取向的人會認為生理健康可以解決生命教育問題的理由所在。

第三，我們要敘述的是生涯發展取向的內容。所謂生涯發展取向的內容，就是以生涯發展作為解決問題的答案，也就是個人的生涯發展要順利。那麼，他們為什麼會選擇個人的生涯發展作為解決問題的答案？他們發現高中資優女生之所以會自殺，是因為她的生涯發展並不順利，沒有完成該階段應當完成的任務，加上她又遭遇母親去世的打擊後陷入不正常的狀態。當時超商店長對她表示同情之意，她就誤以為這是戀情而陷入不倫之戀，最終出現自殺的後果。由此可見，如果不想讓這樣的後果繼續發生，那麼就必須從生涯發展的角度來解決問題。如此一來，遭遇類似問題的人才有機會可以順利通過。這是他們支持用生涯發展取向來解決生命教育問題的理由所在。

第四，我們要敘述的是生活教育取向的內容。所謂生活教育取向的內容，就是以生活教育作為解決問題的答案，也就是個人要有好的

生活教育。他們發現高中資優女生之所以會自殺，是因為她過去的生活教育失敗，所以在她母親去世以後，無法獨立生活，才會誤把超商店長的同情當成戀情，陷入不倫之戀，導致自殺的後果。如果不希望後續還有人犯下相同的錯誤，那麼就必須從生活教育的角度培養好學生，這麼一來，他們對事情的判斷才不會出現相同的錯誤。所以他們支持用生活教育取向來解決生命教育問題，理由就在此。

最後，要敘述的是生死教育取向的內容。所謂生死教育取向的內容，就是以生死教育作為解決問題的答案，也就是個人要有正向的生死教育。再來看高中資優女生之所以會自殺的問題，是因為她對於死亡沒有概念，甚至於逃避死亡問題。母親一旦去世了，她就不知道該如何獨立生活，因此，超商店長表示同情之意，她就誤以為這樣的同情就是戀情。於是，在不知不覺中陷入了不倫之戀，最終導致自殺的後果。如果不想讓其他的學生繼續也犯下同樣的錯誤，就必須以生死教育來打破這種對親人都不會死的迷思。如此一來，在正確死亡觀念的引導下，他們才能過著正常獨立的生活。這就是那些支持生死教育取向的人會認為用正向的生死教育就可以解決生命教育問題的理由所在。

第三節　對上述不同取向的反省

從上面的敘述來看，有關高中資優女生的自殺問題，不同取向的人就會給予不同的答案。如果強調的是宗教的效用，那麼就會選擇用宗教的方式來解決問題。如果強調的是生理健康的效用，那麼就會選擇用生理的健康來解決問題。如果強調的是生涯發展的效用，那麼就會選擇用生涯發展的順利來解決問題。如果強調的是生活教育的效用，那麼就會選擇用好的生活教育來解決問題。如果強調的是生死教

育的效用，那麼就會選擇用正向的生死教育來解決問題。由此可見，這些不同取向的人對於生命教育的問題都有他們自身的看法。這麼說來，是不是表示他們的看法都是可行的？還是說，這些看法都有不足之處，需要更完整的看法？以下，我們逐一反省。

首先，就是宗教取向的反省。根據上述所說，從信仰來解決問題確實有它的效用。自殺的高中資優女生，她所尋求的就是一種內心的依賴。當她母親還活著的時候，依賴的對象就是她的母親。當母親去世以後，她就把依賴的對象轉向超商店長。就是這種移轉的錯誤，才會讓她深陷於不倫之戀的風波之中，最後導致自殺身亡。如果她這時不把依賴的對象誤置在超商店長身上，而是放在她所信仰的宗教身上，那麼就不至於有問題發生，不倫之戀與自殺的問題也會消解於無形。所以，就這一點來看，從信仰的角度來解決生命教育問題自有它的道理。

不過，只從信仰的角度來解決問題還有一些必須注意的地方。第一個要考慮的就是信仰自由的問題。由於現在信仰是自由的，高中女生會不會選擇這個信仰其實是個問題；第二個需要考慮的是這個信仰是否足以支撐她安然度過喪母之痛。如果可以，那就表示她的信仰夠虔誠使得上力。如果不可以，相反地，可能讓她開始懷疑一切，甚至否定一切，這時情況會不會變得更糟糕？此外，她所接觸的信仰是怎麼看待生死的？如果這個信仰不談生死，那對她而言就很難避開自殺的做法。如果這個信仰把生死看成是一種懲罰，對她來說會不會造成更大的傷害。除非這樣的信仰可以把生死看成是一種完成，讓她思考這種完成的意義，或許才能解決自殺的問題。以上這些，都是我們選擇宗教取向來解決生命教育問題時應該注意的。

其次，就是生理健康取向的反省。依上述所說，從生理健康來解決問題確實有它的效用。的確，高中資優女生對於她的母親過度依賴就是一個問題。如果她在心理上對母親不要那麼依賴，那麼在她母親

去世後她就不會把這種依賴轉移到超商店長身上。所以，追根究柢，今天她之所以會產生不倫之戀，導致自殺結局，關鍵都在於她的心理不健康。因此，如果我們希望化解這種心理不健康的問題，就必須從生理的健康著手。只有在生理健康的前提下，這樣的問題才有化解的可能。

對我們而言，以這樣的想法看問題確實有它的效用。可是，只有這樣的考慮顯然是不夠的。因為，心理的健康是否一定要奠定在生理的基礎上？嚴格來說，不見得這就是確切的真理。更何況，我們看到一些生理健康的人不見得在心理上也健康，這兩者是可以分開的。此外，生理的健康強調的是生命的一面，對死亡的一面顯然沒有觸及。可是，今天高中資優女生之所以會自殺，顯然是受到她對死亡看法的影響。如果沒有辦法進一步了解她對死亡的看法，那麼如何有效地化解她採取死亡的作為？所以，有關死亡的探討也是必要的。關於這一點，正是強調生理健康取向的人所忽略的。

第三，就是生涯發展取向的反省。經過上述的說明，從生涯發展的順利來解決問題確實有它的效用。對高中資優女生而言，她在這個階段有她的生涯任務要完成，可是，在母親去世事件的挑戰下，她並沒有完成這樣的任務。因此，她在心理和感情上仍然無法處於獨立自主的狀態，影響之下，她才會遭遇不倫之戀和自殺身亡的結局。如果她在生涯發展中能夠適時地完成她的任務，那麼在面對喪母之痛時她就能夠安然度過，不至於出現上述的問題。

然而，只從生涯發展的角度來解決問題還是不夠的。因為，我們怎麼知道高中資優女生的生涯任務就沒有發展完成？或許她的生涯任務已經發展完成，但因喪母的衝擊太大，也不是她一時之間就可以解決的。所以，在無力承擔的情況下，她才會出現不倫戀情，以至於自殺的問題。由此可見，生涯發展的解決方式是有其限度的。此外，過去的生涯發展並沒有提及死亡的部分，彷彿死亡不在人的生涯發展當

中。對我們而言，這種沒有提及對自殺問題的解決是一種缺失。如果我們希望這種解決方式能夠更圓滿，那麼還是需要面對死亡問題的。

第四，就是生活教育取向的反省。對我們而言，上述的相關說明已經很清楚地告訴我們生活教育在解決問題上的效用。對它而言，一個成功的生活教育會培養出一個符合社會要求的人。現在，高中資優女生之所以出現不倫之戀及自殺問題，在在都告訴我們過去在生活上的教育與培養都是失敗的。如果它是成功的，那麼它就不會出現像高中資優女生這樣的問題。因此，如果希望解決問題，那麼就必須從生活教育的角度來重新思考問題。

表面看來，從生活教育的角度來解決問題似乎很有道理。可是不要忘了，生活教育培養的是一般的正常人。對於生活中特殊的事件，像喪母的事件，就不是一般人可以從容面對的。實際上，有時也會難以面對，畢竟這樣的衝擊不是每一個都可以安然度過的。所以，就這一點而言，強調生活教育有效用的人有點太過輕忽了。要知，生活教育強調的是生活經驗的一面，對於死亡的一面，由於不在生活之中，因此常常被忽略了。就高中資優女生的自殺問題來看，有關死亡的一面也是很重要的。如果沒有化解她對死亡的迷思，就算生活教育做得再好，也很難化解這樣的困擾。所以，把死亡納入生活教育當中也是很重要的。

最後，就是生死教育取向的反省。依上述的說明，生死教育的取向確實具有它的效用。因為，有關高中資優女生出現的問題，最嚴重的不是不倫之戀，而是自殺的問題。可是，在過去的教育中幾乎都沒有碰觸到這一塊。因此，當學生面對這個問題時幾乎是一片空白。在以訛傳訛的情況下，他們對於死亡不是無知就是誤解。所以，當有人強調生死教育的取向時，我們終於看到他們對於這一片空白的補充，也讓學生有機會學習如何去面對相關的問題。

不過，只有從表面來強調生死教育還不夠。因為，生死教育的重

點不只在讓學生有機會可以接觸死亡的議題，更重要的是，要讓他們在接觸時對生死有了正確的看法。如果沒有培養他們對生死正確的看法，只知道有生死這麼一回事，那麼當他們在面對生死問題時就不會有解決問題的能力。因此，在提供生死教育取向的生命教育時，不僅要讓學生了解生死有哪些相關的議題，還要讓他們在這樣的學習過程當中培養正確的生死觀念與判斷能力。

綜合上述所言，這五種取向各有各的作用，但也各有各的不足。如果希望這樣的取向可以對不倫之戀和自殺問題有所作用，那麼就必須進一步統合，使這樣的作為可以有效解決問題。那麼，要怎麼統合？就我們所知，必須以生死教育作為基底。因為，自殺所帶來的死亡問題才是社會大眾最重視的。說真的，如果不是自殺對於生命的無可挽回，那麼社會大眾或許就不會那麼在意高中資優女生所發生的問題。所以，站在徹底解決問題的立場上，我們可以從生死教育的角度出發，把生理健康、生涯發展、生活教育、宗教信仰這些不同的取向統合進來，根據生死一體的認知，系統地解決不倫之戀與自殺問題。

4 生命教育的主要課題
生命的意義

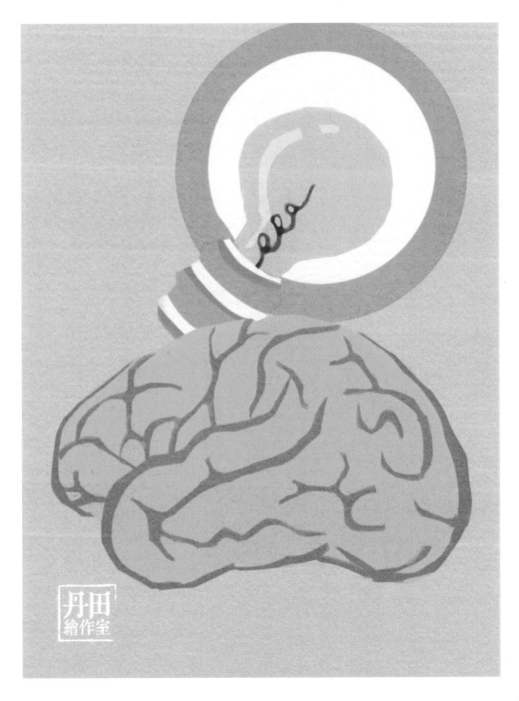

第一節　活著就是一切嗎

　　人之所以能夠有所作為，就是因為人還活著。如果有一天人不再活著，那麼他要有所作為可能就沒有辦法。因此，對人而言，活著是一個很重要的前提。但人只要活著這個前提就夠了嗎？難道說，活著就是一切？在活著以外，人就不再需要什麼嗎？對於這個問題，需要我們做更深入的探討。如果沒有弄清楚這個問題，有人就會把活著當成是最重要的真理來看待，不是認為活著就是一切，就是認為失去生命是絕對不可以的。

　　為什麼人會出現這樣的想法？難道他曾經歷過一切，所以才下這樣的判斷？還是他曾經失去過生命，所以才下這樣的判斷？對於這樣的問題，需要進一步的了解。就我們所知，認為活著就是一切的人，並沒有經歷過整個人生，所以才下這樣的判斷。他之所以下這樣的判斷，純粹來自於他當前的經驗。對他而言，活著才能有所作為。離開活著這個事實，他很難想像人要如何作為。透過這樣的經驗，他對整個人生做了進一步的推論，認為人要有所作為，只能在活著這個前提下，一旦失去了活著這個前提，那麼要有所作為就不可能。因此，基於有所作為的需要，他認為活著很重要。如果沒有活著，那麼就什麼都不是。對於這種什麼都不是的情況，他認為是人所難以容忍的。

　　同樣地，當人們在判斷失去生命是絕對不可以的時候，是不是因為他有了經驗之後才這麼說？其實，這也不是他經驗過後的結果。相反地，這依舊是一種推論的結果。那他為什麼會做這樣的推論？這是因為在他的經驗當中，只要經驗到自己，就會發現自己還活著。透過這樣的經驗，他發現要經驗到失去生命的自己根本就不可能。既然不可能，那就表示人不可以失去生命。一旦失去了生命，那麼這樣的

經驗就不再存在。所以，基於維持這種經驗繼續存在的要求，無論如何，我們都不能允許這種失去生命的情形發生。

根據上述的探討，上述兩種說法都是一種推論的結果，對於這樣的結果我們必須提出反省。因為，如果它們不是推論的結果，那麼我們只能承認這樣的事實。可是，既然是推論的結果，那就表示這樣的結果有可能成立也有可能不成立。如果成立，那就表示這樣的推論沒有問題，我們當然只有接受的份。如果不成立，那就表示這樣的推論有問題，我們當然就可以不接受。由此可見，對於上述的說法我們有必要做進一步的反省，以免自己的生命受到不正確的引導。

我們先反省第一種說法，人是否活著就是一切？從表面來看，它說的並沒有錯，人確實是活著的時候才能有所作為，一旦失去生命就很難再有作為。不過，就算是這樣，也不能說活著就是一切。因為，活著告訴我們的只是一個事實。生命之所以有無限可能，不是來自於生命活著的事實，而是來自於生命發展的可能。如果只有事實，那麼生命就只能以現有的狀態存在，而不可能出現各式各樣的變化。但是，對我們而言，生命之所以值得肯定，卻在於它的各種變化所帶來的不同發展。所以，生命不能只是活著。在活著以外，它還需要各式各樣不同的發展與變化。

其次，反省第二種說法，失去生命是否絕對不可以？從人的慾望來看，沒有人會希望失去自己的生命。可是，人不希望失去生命是一回事，人會不會失去生命則是另外一回事。事實告訴我們，無論希不希望失去生命，最終我們還是要失去生命的。之所以如此，是因為生命的有限性是一個事實。面對這個事實，就算再怎麼不想承認，想方設法去改變它，最後努力的結果都告訴我們這個事實是不容否認的。既然如此，那就表示在現實層面上我們不可能不失去生命。

經由上述的反省，我們發現要把人的生命侷限在事實的層面是不對的，也是不可能的。因為，我們的存在不是只有本能，它還有理

性。如果只有本能，那麼只要依循本能做反應就好。可是，因為有理性的存在，所以必須在事實層面之上開拓價值的層面。透過自覺的過程，我們脫離事實層面的限制，開始發展出各式各樣的可能，經由自我認定使生命變得愈來愈多樣化。當然，自覺不見得永遠都是正面的，有時它也會出現負面的一面。當負面愈來愈極端的時候，最終也可以毀滅原先所追求的一切。所以，如果不希望毀滅這一切，而能夠成就這一切，那麼最好的做法就是從正面去成就這一切。可是，人到底會怎麼做？說真的，並沒有人知道。最保險的做法，還是先了解再行動會比較妥當一些。

 ## 第二節　要怎麼活比較好

　　人要怎麼活會比較好？對於這個問題，過去與現在有不同的答案。對過去的人而言，一個人要怎麼活會比較好有一定的答案，不能隨便認定。可是，對現代的人而言，情況就不一樣，一個人要怎麼活會比較好就不見得要有一定的答案，實際上，它會隨著個人認定的不同而不同。那麼，到底哪一種答案比較正確？如果沒有深入這個問題，只是從表面任意下判斷，那麼就會誤以為過去的答案是錯誤的，現在才是對的。實際上，無論是過去還是現在，這兩種答案都有它們成立的理由。以下，我們將做進一步的說明。

　　首先，我們先了解過去之所以會有這種答案的理由。過去的人他們的生存條件沒有今天的好，想要安全地活下去並不是一件很容易的事，更遑論要他們接受教育。在沒有教育的啟蒙下，他們對於許多事情的判斷原則上都是訴諸於經驗，而沒有辦法根據他們的理性。一旦經驗不到的時候，他們就很難擁有自己的判斷。所以，很多事情他們很容易訴諸於群眾，群眾認為是對的，那麼就是對的；群眾認為是錯

的，那麼就是錯的。這時，要他們用理性進行獨立判斷是不可能的。例如有關死亡問題的判斷，一般人極易受到傳統觀念的影響。傳統認為死亡是禁忌，那麼一般人就會認為死亡是禁忌，他們不會用個人的經驗做判斷，更遑論用理性做反省。對我們而言，這種依靠經驗做判斷的模式，使得過去的人在判斷事情時容易採取普遍的答案，只要大眾認定的，個人就認定，大眾否定的，個人就否定，缺乏理性獨立的判斷。

其次，我們來探討現在之所以和過去不同的理由。對現代的人而言，要安全地活著不是很大的問題，且拜教育普及之賜，我們對許多事情的判斷也不見得要依賴傳統，而是擁有自己理性獨立的判斷。因此，有許多事情我們不再按照傳統的要求，而會形成自己獨立的判斷。例如死亡問題，雖然我們都沒有經驗，但在判斷的形成上我們就會依據自己的思考，認為只要有理由，每個人都可以擁有自己的判斷，不需要因為自己的判斷和別人不一樣，就擔心自己的判斷是錯誤的。對於這種判斷信心的形成，使得現在的人勇於在眾人之外提出自己的見解。對我們而言，這種依據理性而不再以經驗為主的判斷模式，使得現在的人在判斷事情上不再以傳統的普遍答案為主，而轉成個人的答案為主。

根據上述的探討，過去和現在的人對於一件事情的判斷之所以有不同的理由，在於過去的人以經驗作為主要判斷依據，而現在的人則以理性作為判斷的依據，所以才會出現不同的判斷模式。因此，沒有哪一種判斷模式是絕對的對，也沒有絕對的錯。對有的人而言，如果沒有傳統作為依據，他就會覺得很心虛，這時，他當然就需要依靠傳統加強他的信心。只是在接受傳統觀念的加持時，他必須清楚知道這到底有沒有理性的根據，而不是人云亦云。同樣地，有的人主要依據的是個人的理性思考，只是在提出自己的獨立判斷時，也要清楚這個判斷和傳統一致不一致。如果不一致，那麼怎樣不一致？為什麼會出

現不一致？理由是什麼？經過反省後，只要發現這樣的不一致是有理性的根據，那麼就可以放心地堅持自己的獨立判斷。

接著，我們進一步看要怎麼活會比較好的問題。過去，認為人無論做什麼事情，都必須對社會的穩定與延續有益。如果是無益的，那麼就沒有做的價值。因此，對什麼事情值得做或不值得做，形成了一個普遍的判斷準則。凡是對社會有益的事情就是一件有意義的作為，相反地，就是做了一件沒有意義的事情。經由這樣的社會教育，一般人就會判斷這樣的作為對社會是有益的還是無益的。如果是有益的，那麼就可以放心去做。如果是無益的，那麼就要避免。一個人如果一生當中的所做所為都是符合社會的要求，做了對社會有益的事情，那麼這個人的一生就過得很有意義，可以安心地面對臨終，死得很善終。相反地，如果一個人一生當中的所做所為不符合社會的要求，做了對社會無益的事情，那麼他在臨終的時候會覺得很不安心，無法善終。所以，一個人一生是不是過得有意義，臨終時是否得以善終，端在於他一生的所做所為對社會是否有意義。

不過，現在對於意義的認定開始有了一些轉變。對現在的人而言，人活著不只是為了社會的穩定和延續，也為了個人的發展。如果只是為了社會的穩定和延續，那麼個人的存在就沒有太大的意義。如果個人的存在要有意義，那麼就不能只是社會的穩定和延續，它還需要兼顧個人的發展。於是，在這種新的認知下，個人不見得一定要按照傳統的認定，他也可以按照自己的認定去過活，只要他認為這樣的作為是他想要的，那麼他就可以去做，也就可以獲得他想要的意義，認為這一生過得很值得。臨終的時候，他就可以肯定自己的一生沒有白活，可以死得善終。相反地，如果他這一生的所做所為大多數都違反自己的意願，他會認為這一生過得很沒有意義，只是為別人而活，都沒有自己，臨終的時候，也就很難死得善終。因此，對現在的人而言，一個人一生要過得有意義，在作為上就必須以自己的意願為主，

否則，在死亡來臨時，就會開始後悔，認為自己這一生是白來了，想要死得善終都不可能。

所以，對過去的人和現在的人而言，他們在一生意義的認定上是不一樣的。過去立德、立功和立言是很重要的事情，一個人一生當中如果沒有達到上述的目標，那麼要說這個人活得很有意義就會變得很困難。相反地，如果一個人一生當中做到了上述的要求，那麼他就會說他這一輩子活得很有意義，可以完全肯定自己，獲得善終。這麼說來，過去的人在立德、立功和立言的要求下一生都要活得很有意義，不是一件很簡單的事情。因此造成過去的偉人難得，大多數人都只能過得很平凡，甚至於有如螻蟻一般沒有意義。可是，現在的人基於這一生有無意義的認定權歸屬自己，他就可以在平凡中創造自己的偉大。對現在的人而言，只要能夠忠於自己的意願，無論他所做的事情對社會或個人有益，只要能夠堅持到底，貫徹始終，那麼他的一生就有意義且值得肯定，臨終時自然就可以獲得善終。

 ## 第三節　生命意義的不同層次

既然現在的人在一生意義的認定上是以個人意願為主，那麼在價值的判斷上有沒有高低之別？如果沒有高低之別，那就表示個人做什麼選擇都可以，只要符合他的意願即可。如果不是這樣，那麼有哪些高低之別？這時就要做進一步的探討。如果沒有事先弄清楚，就可能造成誤判，在意義選擇上，無論把沒有高低之別看成有高低之別，或是有高低之別看成沒有高低之別，這樣的誤判都會對個人生命的圓滿實現帶來不同程度的影響，使之無法出現真正的圓滿。

首先，我們要問的是，意義的選擇到底有沒有高低之別？如果沒有高低之別，那麼無論怎麼選擇都可以。因為，不管選擇的是高還是

低，這都是他自己意願的實現，能夠滿足他對意義的需求。所以，無論選擇的是什麼，都能讓他覺得這一生過得有意義，可以讓生命臻於圓滿之境。這樣說來，過去的選擇所給予的高低之分又有什麼意義？難道這只是一種錯誤認知的結果？還是說，這樣的意義選擇有它的道理？對於這個問題，需要做更深入的探討。

表面看來，意義的選擇似乎不應有高低之分，否則就會出現有的值得選擇，有的就不值得選擇。一旦出現這樣的問題，就會讓我們陷入意義實現的壓力之中。實際上，只要是自主意願選擇的，都是實現自己的一種方式，也都有它存在的意義和價值，沒有任何人可以否定它。既然如此，當然就不能任意分別這些意義的選擇，否則就會陷入意義選擇的高低之分當中。

的確，如果任意進行意義選擇的高低之分是錯誤的，不過也不能因為想要避免這樣的錯誤，就一概不管意義選擇本身就有的高低之分。只是這樣的高低之分不像過去那樣，只和客觀的存在有關，而和主體的意願無關。事實上，這樣的高低之分不是來自於客觀的分辨，而是來自於主體的分別。對存在的主體而言，他在意義的實現上不是單一的，而是多層次的。對他而言，生命的豐富性就建立在這些不同的層次上，也就是這些不同層次的存在才讓人有別於動物而成為一種特殊的存在。當人的意義層次實現得愈多，那麼他的生命就愈有尊嚴，也就愈圓滿。所以，對一個人而言，他在意義選擇的實現上是層次愈多愈好，這樣他才能擁有更多的尊嚴，也才能讓生命臻於更圓滿的境地。

這樣的意義層面包括哪些？一般而言，可以分成縱貫面和橫切面兩個層面。就縱貫面而言，包括生理層面、心理層面和精神層面，其中，精神層面又包括倫理層面和宗教層面。就橫切面而言，包含個人層面和社會層面，其中，社會層面又包括人文社會層面和自然社會層面。以下，我們先從生理層面開始討論起。

　　過去，人們通常把生理層面看得很低，認為這只是一些本能慾望的實現。因此，對人的尊嚴與生命圓滿的實現都只是一種負面的存在。到了現在有了新的觀點，就是這些都是最基本的存在，如果沒有好好地實現它們，那麼它們有時就會成為我們實現意義的障礙。所以，它們雖然很基本，但在個人意義的實現上有它們的基礎意義，是我們在實現個人意義時不可輕忽的。例如生命的安全需求，一個人為了實現這樣的意義，小心謹慎地過了一輩子，最終就可以安心地面對死亡，因為他已經順利實現了保全他生命的願望。對我們而言，這種生命的保全意願雖然很基本，卻也是意義實現的一種，值得我們肯定。更何況，在這樣的堅持當中，它其實隱藏了更高的層面，表示它也實現了心理層面與精神層面的價值，否則在慾望的誘惑下，要很順利地保全生命根本就做不到。

　　除了上述生理層面外，還有心理層面的意義選擇。對有的人而言，他不認為生理層面是他的重點。在他的認知當中，即使選擇也是心理層面的意義，並不是他特意要這樣選擇，而是在他的認知當中，心理層面對他意義的實現來說是比較重要的，不然他就會認為這一生過得不值得，生命也就無法圓滿。例如一個人想要活得特別一點，想要與眾不同，這種心理的願望實現可以滿足他的意義需求，那麼他就會認為這一生過得很值得，這樣的生命是值得肯定的，也是圓滿的。所以，心理層面對一個人而言，意義的選擇能夠滿足他的需求，那麼就能讓他認定自己的生命是圓滿且值得肯定的。

　　在上述兩個層面之外，精神層面也是意義選擇的一種，它還可以進一步分成倫理層面和宗教層面。對西方人而言，他們在精神分工的要求下，認為倫理層面和宗教層面是不一樣的。其中，倫理層面是屬於自然的層面，而宗教層面則是屬於超自然的層面。根據這樣的精神分工，選擇宗教層面要比倫理層面意義來得更高一層。不過，這樣的精神分工並不適用於我們。對中國人而言，倫理層面與宗教層面是不

可分的。這是因為我們是從倫理親情出發，開發出與之一體的宗教信仰，因此，我們的親情不只是倫理的，同時也是宗教的。所以，當它實現的時候，不只是人間的，同時也是永恆的。

對西方人而言，人間的情感是屬於自然的，所以無論多麼珍惜，多麼希望能夠永遠擁有它，一旦死亡來臨，這樣的希望就會幻滅，因為這只是人間的情，是屬於時間中的一環，自然沒有永恆存在的可能。如果我們不希望自己也因此而消失，希望能夠在死亡之後仍可以繼續存在，甚至於到永遠，那麼就只有訴諸於宗教信仰，透過宗教的救贖，才有可能從死亡的有限中超越到永恆。不過，中國人的看法就不一樣。對中國人而言，人的永恆離不開倫理親情，只要可以實現他的倫理親情，即使死亡來臨，這樣的情不見得會被死亡所斬斷，這是因為他和家人之間的情是相通為一體的，他的情也不只是人間的，同時也是永恆的，他並不需要另外再從宗教的救贖當中獲得永恆。

再從橫切面來看，它有個人和社會兩個層面。過去強調的是社會的一面，而且以人文社會為主，對於自然社會比較忽略。在這種情況下，不僅個人的價值無法凸顯，連自然社會的價值也無法凸顯，容易淹沒於人文社會的層面當中。現在的情況則大不相同，不僅強調個人的層面，也強調自然社會的層面。相反地，這時與人文社會有關的層面就比較容易被忽略，彷彿個人的實現、自然社會的維護都和人文社會無關。實際上，個人、自然社會和人文社會都是一體的。如果沒有個人以及自然社會，就不會有人文社會。同樣地，如果沒有人文社會，也就不會有個人和自然社會。所以，當我們在談到自我實現時，個人脫離不了人文社會和自然社會，而人文與自然社會也脫離不了個人。一個人如果希望能夠好好地實現自我，讓自己的一生過得很值得，最終生命得以圓滿，那麼他就必須把自己放到人文與自然社會的脈絡當中。只是不要把自己看成是人文與自然社會的附屬品，而要把自己看成是人文與自然社會的創造者，一個能在人文與自然社會中增

進存在價值的存在者。只要這樣看待自己，那麼最終就會有機會實現
自己，圓滿自己的生命。

5 生命的自我實現（1）
如何看待感情

第一節　感情在生命中的重要性

　　人到底是一種怎麼樣的存在，歷來都有不同的答案。有人強調工具使用的重要性，就從工具性的角度來界定人；有人則從語言的角度來界定人，認為人是會使用語言的存在；還有人則從文化的角度來界定人，認為人是有文化的存在。不過，無論過去怎麼界定，最流行的說法就是理性的存在，認為這是人存在的最大特點。如果失去了這個特點，那麼人就不再是人。相反地，無論它的存在樣態是什麼，只要具有理性，那麼就可以稱之為人。

　　這麼說來，我們對於這樣的答案是否已經完全認可？表面看來，似乎也很難找到反對的意見。可是，不容易找到是一回事，實際上有沒有反對意見則是另外一回事。那為什麼會有人持反對意見？理由其實很清楚，就是這樣的見解並未獲得科學的證明。實際上，它的出現只是當代人類彼此競爭的結果。如果不是滿清末年戰爭失利，我們不一定就會採取這樣的觀點。對我們而言，人也可以是另外一種界定，就如佛教說的有情眾生，把人看成是一種有情的存在，而不是理性的存在。

　　為什麼要凸顯這一點？是因為當我們把人看成是一種理性的存在時，理性之外的特質就變成不是那麼重要，甚至於是一種負面的存在，例如感情就是這樣，我們會認為感情對人而言是一種不必要的存在。如果可以，最好人是沒有感情的，彷彿感情一點都不重要，甚至有的時候感情成為一種需要對治的對象。倘若沒有好好地對治它，那麼就算想好好當人，都可能當不成。

　　問題是，感情對人是否只是一種不必要的或是負面的存在？難道感情就沒有一絲一毫的價值？如果是這種情況，那麼把感情去除也

是理所當然的。但如果感情不像我們所說的那樣，那麼把它去除的結果就會帶來很大的傷害，甚至使人不再是人，對我們而言是不能接受的。所以，感情是否如我們上述所說那樣，只是一種不必要或負面的存在，需要我們進一步的探討。

倘若這是我們必須面對的課題，那麼要怎麼探討感情這個問題呢？那就必須找出感情對人存在的價值。如果感情對人根本就沒有存在的價值，那麼要肯定感情對人是有意義的存在就會變得很困難。因此，證明感情對人是有存在價值的，是目前所要處理的當務之急，唯有如此，才能進一步探討感情對人到底有什麼存在意義。

那麼，感情對人到底有沒有存在價值呢？對於這個問題，我們可以設想兩種不同的答案：一種是沒有價值，一種是有價值。如果答案是否定的，那麼感情就沒有存在的必要，這時，我們自然就會排除感情的因素。相反地，如果答案是肯定的，那麼感情就有存在的必要，這時，我們就要保有感情的因素。因此，感情對人到底有沒有存在的價值，決定了感情是否有存在的必要。

現在先來探討第一種情況，就是感情是沒有存在價值的，也就是感情是沒有存在必要的。為什麼會出現這種想法？深究起來就會發現，感情一般給人的印象都是負面的存在，如果可以不存在，那麼對人不是更好嗎？表面看來，的確如此。如果感情都是負面的，那麼它的存在對人確實只是一種障礙，而不會有正面的效益，與其讓它存在，倒不如不要。

不過，感情真的只是一種負面的存在嗎？如果我們的認知是錯誤的，那麼取消對它不就不公平了嗎？更何況，當我們在論斷感情是否只是一種負面存在時，不能只從感情所導致的後果來看，而要回到感情本身，真正了解感情本身，才能如實判斷感情存在的價值，我們對於感情所下的判斷才不會有問題。否則，只看後果，所下的判斷可能是偏頗的，有失公正的。

　　那麼，對於感情本身我們要如何理解才會如實？從表面來看，似乎很難反駁許多負面的後果都是來自於感情本身影響的說法。現在要弄清楚的是，這樣的影響是來自於感情本身自主還是不自主的結果？如果是自主的，那我們當然要讓感情本身承擔起自身應負的責任。但如果不是自主的，那麼要感情本身承擔起完全的責任，這樣的要求就不太公平。因為，畢竟不是它做主的，那又怎麼能要求它負責呢？由此可見，是否要為感情本身負責，那麼就必須弄清楚感情本身到底是自主的還是不自主的問題。

　　從一般的理解來看，在談到感情時，常會說感情是衝動的，它和理性不同。那到底有什麼不同，就不須再細究了。為什麼？因為一般人想知道的就僅僅是兩者的不同，而不是不同在哪裡。可是，對我們而言，知道兩者不同還不夠，還需要知道不同在哪裡。只有了解到這一步，才能進一步判斷感情本身到底是自主的還是不自主的。

　　底下，我們從理性的存在談起。對理性而言，它在認知時雖然也需要有對象的存在，不過這樣的存在其作用僅止於材料的提供，對於整個認知的結果，它是無法決定的，還是要回歸於理性本身。從這一點來看，理性的作用不是純然被動的，相反地，它是相當主動的，因為是它在決定認知的結果，而不是對象本身。既然如此，我們就可以說理性是自主的，而不是不自主的。

　　感情的表現就不是這樣。對感情而言，它和理性一樣都需要有對象的存在。如果對象不存在，那麼感情要產生作用就不可能。雖然如此，這不表示感情的存在也像理性那樣自主。實際上，對感情而言，它深深受到對象的影響，它會有怎麼樣的反應，其實完全取決於對象。所以，當我們在談論感情時，常會用到感受與衝動的說法，表示感情在作用時是不由自主的，無論如何都很難把它說成是自主的。

　　從上述的探討來看，如果感情的存在是不自主的，那麼對於它所產生的負面後果就很難要求它負責，當然也就不能以它會帶來負面影

響而否定它的存在。相反地，我們需要進一步探討它的存在，看看它的存在到底在我們身上可以產生什麼作用。如果是負面的，那除了負面的意義以外，還有什麼其他正面的意義？如果是正面的，那這個作用又有什麼意義？

先就負面來說，感情的存在既然只能帶來負面的意義，那麼要肯定它存在的必要性似乎不太容易。不過，不要只從邏輯推演的角度來看，而是轉換成辯證的角度，那麼感情的存在就可以從負面轉成正面的意義。那要怎麼做才能轉換正面的意義？在此，有個簡單的參考，就是從考驗的角度來說。對一般人而言，他們強調的是感情的直接反應，但對我們而言，強調的並不是感情的直接反應，而是通過感情的考驗可以淬煉出來的東西，也就是不再摻雜任何慾望的純粹感情。

那這樣的感情存在對人又有什麼意義？對於這個問題的討論，使我們進到感情正面作用的問題。根據上述的探討，感情有負面和正面的作用，如果沒有感情負面作用的考驗，說真的，很難說出感情的正面作用是什麼。因為，我們很難在成長過程中出現不摻雜任何慾望的純粹感情。如果要擁有這樣的感情，那麼就必須在感情的負面考驗中獲得。一旦我們淬煉出這樣的感情，那麼個人就會覺得這樣的生命是值得肯定的，否則就會覺得自己活得有如動物一般，不再以人的身分存在，進而活出人的尊嚴。

經過上述的探討我們知道，人的存在不見得像西方主流思想所說的那樣只是一種理性的存在。實際上，它還包含著感情的存在。表面看來，這樣的存在會為人們帶來矛盾的發展。當順著感情發展時，人不復像人，活得有如動物一般，缺乏理性。當逆著感情發展時，也一樣不像個人，活得有如純粹思維一般偏離了感情。從這兩種發展來看，基本上人是處於分裂的狀態。因為，人不是把理性看成工具，完全順著感情而為，不然就是把理性看成目的，一切相反於感情。

不過，只要重新辯證地了解理性和感情的關係，就會發現它們不

是二分對立的，而是和諧一體的，你會發現理性因有感情的存在，這樣的理性就不再是枯冷的理性，而是溫潤的理性。同樣地，感情因有理性，這樣的感情就不再是盲動的感情，而是純粹高貴的感情。對人而言，唯有在這種情理合一的情況下，才能活出人最真實的一面，也才能讓人性尊嚴獲得最大程度的實現。也就是說，這時人才夠格稱自己是萬物之靈。

 第二節　什麼是感情

　　在了解感情在人生命中的重要性以後，接著探討感情的意義。所謂的感情指的是什麼？如果不去細究，那麼會誤以為自己已經很清楚。可是，一旦細究起來，就會發現自己對於感情的了解並沒有表面看的那麼清楚。實際上，我們對感情的了解還是處於一片茫然當中，必須進一步去深究感情的意義，看看所謂的感情到底指的是什麼。

　　要了解感情的意義到底是什麼，最簡單的做法就是直接從字典找答案。為什麼會認為這個方式是有效的？因為這就是一般人的了解，如果我們也這樣了解，那麼就算有錯，也是大家都有錯，不會只有我是錯的，自然就可以被大家所接納。如果不是遵循大家所理解的，而擅自提出自己的看法，結果了解錯誤，那麼就必須承擔所有的責任。所以，基於風險評估的考量，在不知不覺當中，自然就會採取從眾的做法，認為這是最安全的。

　　表面看來，這樣的思維並沒有錯。因為，當我們對一個語詞完全沒有概念的時候，的確需要一些指引，而字典就是主要代表之一。藉由這樣的指引，就不會處於茫然無知的狀態之中。話雖如此，如果再做更深一層的反省，就會發現這樣做還是有它的風險的。理由很清楚，就是憑什麼要相信字典的說法就是正確的？難道我們不會去質疑

它？萬一這是有問題的，即使大家都要承擔所產生的錯誤風險，但自己的部分還是要自己承擔。

既然如此，要怎麼做才能降低風險？對此，有不同的處理方式，例如從字源著手就是方式之一。對我們而言，如果字典的看法與字源的看法一致，那就表示這樣的了解是古今一致。如果不一樣，那就表示這樣的了解正在演變之中。至於這樣的演變要如何評價，就必須再找其他方法。現在，先看看字典是怎麼了解的？依《辭海》的說法，感情的意思有兩種：一種是依外界刺激所產生的情緒，一種是人與人之間的情誼。從這兩種解釋來看，我們可以將它們整合成一種，也就是依外界刺激所產生的情緒。因為，人與人之間的情誼也是屬於外界刺激的一種。

如果依外在刺激所產生的情緒是一般對感情意義的了解，那麼在字源上是否也是如此了解的呢？對於這個問題，我們只能分別從感和情這兩個字的字源著手。我們先談感的字源。就其演變來看，它最早出自金文，後來歷經篆文、隸書到楷書的演變過程，基本上形構都沒有什麼新的變化，都是從心，咸聲。從心的意思就是與心境有關，而咸聲只是讀音。其次，再來談情的字源。它最早出現在戰國，從篆文、隸書到楷書，在整個演變過程中，除了戰國是下形上聲以外，其餘都是左形右聲。在形構上，從心代表心境的意思，青聲表示讀音。綜合這兩者的字源意思來看，不只是感字和心境有關，情字亦同，表示感情是和心境有關的意思。

根據上述的解讀，大致就可以了解感情的字源意義和現在字典主要意義的表達上並沒有太大出入，主要是表達心境的反應。不過，如果要深入去了解，就會發現字源意義只是指出與心境有關，並沒有交代為什麼會出現心境上的反應。可是，現在字典上的一般意義就不一樣，它更進一步交代出現這樣的心境其實是來自於外在刺激的結果。如果要從這一點來看，那麼我們就會發現這樣的心境反應是被動的，

而非主動的。如果是主動的，那麼它就不應該是在接受外在刺激之後才出現。

　　上述提到，無論是感字或情字的字源，都只是說與心境有關，至於心境到底指的是哪一種心境，沒有進一步的說明。現代字典就有進一步說明這樣的心境不是指任何種類的心境，而是一種情緒。既然是一種情緒，那麼不只可以有正面的情緒，也可以有負面的情緒。例如愛就是一種正面的情緒，恨就是一種負面的情緒。

　　上述提及，所謂的感情就是一種外在刺激所引發的情緒反應。那麼，這樣的了解有沒有問題？有沒有符合我們的實際經驗？如果有，那就表示這樣的意義傳達就是正確的，否則它就是有問題的。那到底有沒有問題？如果要回答這個問題，就要依據上面所提到過的經驗標準。因為，這種意義的表述是來自於相關經驗的反映，那我們的經驗是否也是如此呈現的？

　　對我們而言，愛恨情緒的出現的確和外在刺激有關。可是，只有外在刺激是否就足以引發愛恨情緒？客觀來講，不盡然如此。因為，在我們的經驗當中，外在刺激是否足以引發我們的愛恨情緒有兩種情況：一種是不會，一種是會。如果這種外在刺激只是一種與我們無關的刺激，那麼這種刺激無論怎麼存在，也不會引起我們情緒上的反應。相反地，我們只會淡然處之，彷彿它們的存在與我們無關。

　　如果情況是第二種，那麼之所以會引起我們的反應，是因為這個存在和我們之間產生了某種關聯。一旦有了這種關聯，影響之下，我們對這種外在刺激自然就會引發反應。由此可見，外在刺激的存在是否會引發我們的反應，關鍵不在它們自己是什麼，而在於它們和我們之間是否具有某種關聯。如果有，自然就會引發反應。如果沒有，想要引發反應也不可能。

　　那麼，這種關聯是什麼？如果我們沒有找到答案，就難以理解這種關聯代表什麼。如果可以找到答案，就可以了解這種關聯究竟是什

麼，屆時對於了解感情是什麼意義就會很清楚。否則，只知道感情是一種外在刺激引發的情緒，嚴格來說，都不是很確實的認識，仍須更進一步的補充與確定。

要了解這種關聯指的是什麼？我們不能只從外在刺激本身著手，這樣可能很難找到答案。因為，要不要和我們有關聯不是由外在刺激決定的。相反地，我們發現真正關鍵所在其實就是我們自己。如果可以淡然處之，那麼外在刺激無論用什麼型態存在都很難引發我們的反應。可是，只要我們一有認定，無論這是意識層面還是潛意識層面，甚至說得誇張一點是無意識層面的認定，就足以讓外在刺激引發我們的反應。由此可見，外在刺激是否與我們有關聯，就要看我們要不要與它們有關聯。

倘若關鍵就在我們本身，那麼對於這樣的關聯要怎麼決定它們的內容？對此，可以從不同的層次來看：有生理的、心理的、社會的、精神的層次。例如生理層次，主要指的是先天的因素，如遺傳、偏好、人格特質等等。受到這些因素影響，在不知不覺當中可能就會比較喜歡某種人，而比較不喜歡某種人。如果要問為什麼是這樣，他們的答覆可能也是不知道，反正事實就是這樣。

至於心理的層次，這部分的決定就不見得完全是天生的，有許多東西都是學來的。在他們成長的過程中，不知不覺就被教養成比較喜歡什麼，比較不喜歡什麼。從表面來看，這些喜歡和不喜歡彷彿是天生如此，甚至於有時候我們會覺得是他們自己抉擇的結果。實際上，只要深入探究，就會發現答案似乎不是如此。事實上，他們之所以如此反應，其實都和背後的學習經驗有關，才讓他們出現這樣的反應。

此外，在社會層次更可看出人的被動性，我們常常受到社會潮流和同儕的影響。社會流行什麼，我們就可能追隨什麼，喜歡什麼。一旦退流行了，就不再去追隨它，甚至不再喜歡它？同樣地，同儕對我們的好惡影響也很大。通常同儕喜歡或不喜歡什麼，我們就會喜歡或

不喜歡什麼，很難不配合同儕的好惡。從這一方面來看，在社會層次上確實是很難脫離社會的潮流和同儕的好惡。

那麼，在精神層次上是否就會有所不同？表面看來，精神層次表現的是人的主動性。照理來講，既然是人的主動性，那麼我們的好惡應該就可以自己決定。實際上，也沒有表面看的那麼好。因為，雖然在精神層次上人的本質是主動的，但在內容形成上卻常是被動的，大部分的內容都不見得是我們自覺選擇的結果，而是在不知不覺當中被塑造而成的。

由此可知，這些與感情有關的內容大部分都是被動形成的，其中雖也有主動的成分，但基本上應該都是少數。如果要強化這一部分，使之增多，那麼理性的自覺反省就是一個很重要的來源。當我們愈能用理性來決定個人的好惡時，這樣的好惡就會主動得多。因為，它不是由過去的經驗決定的，而是由當下合不合理來決定的。如此一來，我們就會清楚知道這樣的關聯性，一方面和個人天生的一些因素有關，另一方面和個人後天的學習經驗有關，再一方面則和個人的理性自覺判斷有關。

所以，感情是屬於被動還是主動，它的內容是如何形成的，我們很難簡單給個答案。如果勉強要給，那麼就要依理性自覺的程度分別來給。如果一個人理性自覺的能力愈強，那麼他的感情就愈主動，內容經過抉擇後也就愈加自我形成。可是，如果理性自覺程度愈弱，那麼他的感情也就愈被動，內容也就愈加在天生的因素和後天的經驗影響中形塑而成。從這一點來看，想要用一個統一的答案來回答上述問題是不可能的。

話雖如此，對於一般意義的理解還是可以加以批判的。根據上述的反省，我們很清楚知道感情不見得只能受制於外在的刺激。其實，在外在的刺激下，它有時也會做一些主動的回應。如果它的理性自覺性比較強，那麼它的回應就會比較自主。如果它的理性自覺性比較

弱，那麼它的回應就會比較不自主。當它愈自主，那麼它的人性面就愈容易被凸顯。當它愈不自主，那麼它的動物性就愈容易成為主導力量。

 ## 第三節　感情的類型

　　從上述對感情的探討內容來看，我們在分辨感情的類型時就可以有一個依據。如果理性自覺性愈強，那麼感情所表現出來的型態就會愈自主。相反地，如果理性自覺性愈弱，那麼感情所表現出來的型態就會愈不自主。那這樣的自主和不自主在感情的表現上究竟有什麼意義？如果沒有意義，那這樣區分就沒有必要。如果有意義，那這樣的區分就有必要。對於這樣的必要性，我們不能只是想當然耳，還需要做進一步的探討。

　　那麼，上述區分的意義到底在哪裡？就感情經驗來看，自主性愈強就愈不會被感情對象的變動牽著鼻子走，自主性愈弱就愈會被感情對象的變動牽著鼻子走。那麼，被感情對象牽著鼻子走代表的是什麼？如果沒有被牽著鼻子走，表示愈容易堅持自己原有的感情，如果被牽著鼻子走，表示愈容易失去原有的感情。所以，感情的變與不變，其實和感情的自主程度有關。

　　一般而言，最初在談感情時會有許多的想像，這是因為我們已經藉著生理、心理、社會、精神各層面的因素，不知不覺中塑造了一些接收外在刺激的內容。所以，當外在刺激沒有出現以前，我們雖然還沒有受到外在刺激的影響，但內在已經儲備了一些標準。一旦外在刺激出現，我們的標準就會開始反應，彷彿是外在刺激的存在才出現這些反應似的。

　　不過，由於最初並未經過深思熟慮與反省，所以對於這些反應會

直覺地認為是外在刺激所致，加上外在刺激如果與我們既有的標準合一，那麼就會表現出喜歡的樣子。如果與既有的標準不合，就會表現出不喜歡的樣子。一旦喜歡了，不知不覺中就會被外在刺激所吸引，表現得身不由己。如果不喜歡，不知不覺中也會遠離外在的刺激，彷彿這個外在刺激本身就有問題，不值得我們接近。

結果，愈喜歡愈身不由己，愈不喜歡愈遠離。當我們愈身不由己的時候，外在刺激所出現的變化就會牽動我們的每一根神經，彷彿他才是我們自己，而我們卻不是自己。同樣地，當我們愈遠離，就不會去考慮外在刺激的變化，無論他再怎麼變都與我們無關。不過，只有一種情形例外，就是他希望與我們親近。這時，我們會逃得更遠。由此可見，無論是喜歡還是不喜歡，我們都會隨著對象而變化。

問題是，變化歸變化，如果與我們無關，這樣的變化也不會影響我們。如果與我們有關，這樣的變化要不影響我們也很難。一旦有了變化出現，在不知不覺中就會唯對象是從。只要對象變了，我們也就跟著變，結果發現我們逐漸失去了自己，甚至於完全沒有了自己，這時，彷彿我們消失於對象之中。那麼，這樣的消失會產生什麼樣的影響呢？如果沒有做進一步的探討，那就很難知道確切的答案。

就我們所知，這種失去自我的狀態，講好聽一點，就是與對象合一。可是，這樣的合一不是沒有問題，那這個問題出在哪裡？我們可以假設兩種狀況：第一種狀況是，當我們與對象合一，對象就是我的一切。這時，對象的一舉一動就是我的一舉一動，那麼就必須滿足我的需要，否則我可能就會要求改變，直到滿足我的需要為止。就我們的反省，這樣的合一要求其實就是一種占有慾，使得對方失去自己。

第二種狀況是，當我們與對象合一，我們便失去了自我，一切以對象為主，這時他是什麼我們就是什麼，無論他怎麼變，我們一律配合。不過有個條件很重要，那就是對象不管怎麼變都不可以不要我們，否則我們不但失去了自己，還會化為虛無，就再也什麼都不是。

這時，就不會只讓自己變成虛無，同時也會讓對象一起變成虛無。因為，我們原先是合一的，所以一存皆存，現在分開了，結果就是一亡皆亡。

經由上述的探討就會發現，這種影響是很巨大的，也很可怕。如果不希望這樣，那麼在感情上自主就變得很重要。一個人如果愈自主，那麼他愈要知道如何面對對象，不會把對象看成是自己的工具。也就是說，不會混淆彼此，誤以為所謂的合一就是失去自己或只有自己。相反地，他會發現對象也是一個獨立的存在，他有自己的天地，而不是我們附屬的存在。同樣地，我們也會發現自己不是對象的附屬物，也有自己的天地，是一個獨立的存在。

如果彼此都是獨立的存在，那麼這種合一到底有什麼目的？由於彼此都是相對的存在，都有各自的限度，那麼在這樣的合一過程中，就可以藉由彼此的不同產生相互開拓的作用，使彼此不再偏限於既有的自我，而可以藉由另外一個自我突破自己的限度，讓自己變得更加完美。因此，這種合一產生彼此加成的效果，不會像第一種狀況那樣，只是相互抵銷的效果，甚至最終趨於毀滅。

既然合一不是占有，不是毀滅，而是各自獨立，相互成全，那麼在抉擇感情的時候就要注意這一點。如果一開始就注意這一點，就會發現真實的感情不是不自主的，也絕不是盲目的，而這種不自主、盲目的現象都只是一種過渡現象，未來在理性的自覺中會逐一消散，讓彼此的感情從動物的層次逐漸提升到人的層次，甚至於是神的層次。所以，當我們進入神的國度時，感情的表現就不再是只有自己，也不再是只有他人，而是人己皆成的一體圓滿。

6 生命的自我實現（2）
如何看待自我與他人

第一節　問題的重要性

　　對人類而言，人的存在不是只有一個人，而是由一群人組合而成的。這是因為如果只有一個人，那麼這個人要在世上生存就會變得很困難，甚至根本就不可能。那麼，為什麼會這樣？就人類而言，他絕不是強大到只有他可以個別生存的動物。相反地，他是十分渺小而脆弱的，如果只有他獨自一人存在，那麼他想要獨自存活下去完全不可能。

　　為什麼會這樣？其中，最主要的理由是人類的存在不是只有人類。在人類周遭還存在著其他的動物，甚至還有其他的生物。就這些動物或生物而言，牠們的存在和人類之間的關係是處於敵對的狀態，雖然不見得每一時每一刻都這樣，但只要有需要，這些動物和生物馬上就會變成人類的敵人。更何況，威脅人類生存的對象還不只有上述的動物與生物，還有植物與自然。對人類而言，植物與自然也同樣潛藏著危機，只要一不小心，人類隨時有可能從世上消失。所以，從上述的種種存在來看，如果只有獨自一人存在，那麼很快就會從世上消失。

　　如果不想這麼輕易就消失，那麼就不能只有自己獨自一人，而需要很多個。所謂的很多個還不能太少，因為，如果數量不足，人類要繼續存活下去可能就有點困難。因此，為了避免生存的威脅，人類還是愈多愈好。那麼，數量多的好處是什麼？就是人愈多存活下去的機會就愈大。相反地，如果數量不夠多，存活下去的機會就會少很多。理由其實很簡單，就是一個人的力量太渺小，但人數如果夠多，就可集合眾人之力，力量就會大很多，足以保障個人的生存。

　　由此來看，人類的起源如果只是單一起源，那麼要順利發展下

去，甚至綿延不絕，其實機會並不太大。不過，人類如果不是單一起源而是多種起源，那麼要生存下去，甚至發展到現在，這種機率就會高很多。因為，單一起源的說法是由一變成二，由二變成四，不斷地逐漸增加。就人類生存的環境來看，無論是動物、植物、生物或自然，可能都不會給人類這樣的生存機會。這時，人類可能就會遭遇滅絕的下場。

如果人類的起源有很多種，那麼在運氣較好的情況下就有生存的可能。至於那些運氣不好的，在還沒發展起來之前可能就已經遭遇環境的淘汰。這時，屬於他們的這一支就很難繼續發展下去。相對的，運氣較好的那一支就有順利發展的機會。到了後來，就成為現在人類的祖先。由此看來，多種起源會比單一起源更能合理解釋，為什麼這麼弱小的人類能夠存活到今天。

當然，可能有人會提出異議。以今天的經驗來看，人類不是只有動物性的一面，他還有理性的一面。就動物性而言，人類在動物的排行榜當中其實不算強大，甚至可以說還蠻弱小的。既然那麼弱小，那麼人類要以動物的身分生存下去當然就會變得很困難。不過，除了動物性的一面以外，人類還有理性的一面。對人類而言，因為他有理性，所以他不會只靠本能求生存，還會靠理性求生存，用理性發明工具，使人類從弱小變得比較強大。就是這一種工具的發明，使得人類得以殺出生存環境的重圍，為自己開創繼續存活下去的機會。

表面看來，這樣的質疑似乎很有道理。因為，它完全符合我們今天的經驗。我們也很清楚人類的肉體的確不夠強大，但經由理性的發明讓我們成為自然的主宰。因此，早期的人類應該也和我們一樣，在生存上懂得如何善用理性。其實，這樣的印象只是一種誤置的結果。對早期的人類而言，人類的生存和動物幾無二致。既然和動物差不多，那麼人類懂得運用理性來解決問題的機率就會很低。在這種情況下，與其說他們是以人類的身分活著，倒不如說他們是以動物的身分

活著。如果是以動物的身分活著，那麼多種起源就會比單一起源更容易說明人類何以能夠在環境的挑戰下繼續存活到今天。

　　如果人類不是只有獨自一人存活，而是有很多個，那麼在這麼多個人類當中彼此要維持什麼樣的關係？如果彼此的關係是衝突的，那麼這種衝突就可能會破壞他們的團結。由於本來就很弱小，再加上彼此之間關係的衝突，那麼要順利存活下去就會變得很困難，甚至根本就沒有存活的可能。因為，對生存環境而言，人類是一個群體，在它以內的是人類，以外的就是生存的敵人。如果人類自己都不團結，怎麼可能有能力共同抵禦外侮？那要他們順利地存活下去根本就不可能。由此可知，人類最初的關係不太可能是相互衝突的。

　　如果人類早期的關係不是衝突的，那麼是和諧的嗎？從上述的探討來看，好像不想和諧都不行。為什麼會這樣？這是因為團結力量大，如果沒有和諧作為前提，那麼人類想要團結就會很困難。可是，有了和諧作為前提，那麼要人類團結可能性就會提高很多。就這一點而言，和諧的確是團結的前提。然而，只有關係和諧就一定會團結嗎？如果單純地這樣想，那麼就會有問題，因為和諧不等於團結，當然不能輕易地等同兩者。那麼還可以怎麼看？

　　對我們而言，和諧確實是團結的條件之一，但不能輕易地等同於團結。如果這樣，那麼團結還需要什麼樣的條件？就我們所知，還必須有共同的敵人。如果沒有共同的敵人，那麼這樣的團結是不可能的。對早期的人類來說，他們的共同敵人是什麼？簡單來說，凡是會威脅他們生存的都是共同的敵人，可以是自然，可以是動物，可以是植物，也可以是生物。無論它們是什麼，只要會危害到人類的生存，這些存在就可以算是敵人。

　　這麼說來，人類的敵人只有人類以外的存在。至於在人類以內的其他人類，難道就不是敵人了嗎？或許，在最早期的時候人類還沒有分化，對彼時的人類而言，都算是自己的人，根本就不可能有外人存

在。後來經由不斷地遷移，慢慢地開始接觸其他起源的人類。最初，這種接觸帶來了生存的危機。因為，彼此之間除了資源的搶奪以外，還把對方看成是一種掠奪的對象。因此，為了避免被對方掠奪，原先同一群體的人類只好把其他群體看成是敵人。所以，人類最初是把不同群體的人類也看成是敵人。

無論敵人是什麼，人類也好，非人類也好，這些敵人的作用就是讓同一群體的人不得不團結在一起。因為，如果不團結，那麼可能就不會有能力共同抵禦外侮。所以想要順利打敗敵人來壯大自己，那麼除了團結沒有其他的辦法。關於這一點，可以在早期人類的社會組織當中找到蛛絲馬跡。例如在山頂洞人的洞穴當中，不只發現山頂洞人住在山洞的洞穴裡，還發現他們的親人死後也是葬在住居的洞穴下室。對於這樣的習俗，我們可以把它看成是同一群體的人團結在一起的案例。到了母系社會，這樣的團結關係更加明顯，所有的人都圍繞著女性團結在一起。

從上面的論述來看，在討論人類的問題時，不只要討論代表個人的自我，還要討論代表別人的他人。如果沒有討論這兩者，那麼對於人類問題的討論是不完整的。當我們把自我和他人納入討論時，除了要注意什麼是自我，什麼是他人的問題以外，還要注意自我和他人的關係，看哪一種對待方式才是合理的。

 ## 第二節　自我和他人的意義

我們先從什麼是自我的問題談起。為什麼要先談這個問題？其實這也是有理由的。對一個人而言，當他在談論這樣的問題時，他必須有個起點，但要怎麼決定這個起點？從經驗的角度來看，我們就發現有一個起點很合適，那就是自我。因為，在談論這個問題時問到底什

麼樣的存在可以作為起點，我們發現了一個很有趣的現象，其實發問的人就是我們自己。既然是我們自己，問的又是什麼是自我，那麼以自己作為起點就相當合適。

當然，有人對上述的回答可能會不滿意，認為這個起點為什麼一定要從自己出發，不是也可以從別人出發嗎？就我們的經驗來看，這樣的質疑確實有它的道理。因為，除了我們有自我以外，別人一樣也有他們的自我。那麼要談論什麼是自我的問題時，起點不一定就非得要自己的自我不可，也可以是別人的自我。對於這樣的質疑，我們應該如何回應？是要承認他們說的有道理，然後改變我們原先的決定？還是堅持自己的想法，提出進一步的理由？

在此，我們決定採取第二個。對我們而言，別人確實有他們自己的自我。對於這樣的自我，在經驗上的確很難合理地去否認他。雖然如此，這不表示我們就非得接受第一個答案不可。那麼，這麼說的根據到底是什麼？為什麼會有這樣的信心？對我們而言，這個信心也是來自於我們的經驗。例如當我們在說別人也有他們自己的自我時，我們憑什麼這麼說？為什麼我們會知道別人也有他們自己的自我？當我們在回答這個問題時，就會發現這是根據經驗的結果。也就是說，這是我們在經驗中覺察到的，如果沒有在經驗中覺察到，那麼我們就不可能知道別人也有他們自己的自我。由此可知，知道別人有他們自己的自我，是我們自己覺察的結果。既然如此，那麼應該把覺察者當成起點比較合適，還是把被覺察者當成起點比較合適？

如果要合理地回答這個問題，顯而易見地，我們只能把覺察者當成起點會比較合適。話雖如此，我們還有進一步的理由，就是我們的自我是可以經驗得到的，而別人的自我是經驗不到的。從這一點來看，那麼從經驗得到的存在出發要比經驗不到的存在出發來得合適。因為，經驗得到的我們可以擁有直接的經驗，經驗不到的我們就無法產生直接的經驗。

　　既然如此，那麼這種直接經驗的好處是什麼？簡單來說，就是讓我們對於被經驗的對象有直接的感受，那對於所要探討的對象就可以知道它的存在狀態。例如在它不變的時候，我們就會清楚知道它的不變，而不會有所質疑，因為證據明明白白地擺在眼前。同樣地，在它變的時候，一樣可以清清楚楚地知道它的變化，而不會有所質疑。依據這樣的證據，那麼在探討我們的自我時，就不會有證據不充分的情形出現。

　　那麼從經驗出發，我們的自我會是什麼？表面看來，就是自我的種種經驗呈現。例如在看的時候是我們的自我在看，在聽的時候是我們的自我在聽，在觸摸的時候也會意識到是我們的自我在觸摸。根據這樣的種種經驗，很自然地會得到一個結論，就是無論在看、在聽，還是在觸摸，這一切種種的經驗作為都是我們的自我作為。既然是我們的自我作為，那麼顯然就可以說是我們的自我。可是，答案真如我們的經驗所示那樣，是泛指這一切經驗作為的內容？

　　其實，只要再思考得再深入一點，就會發現好像不見得如此。對我們而言，經驗確實告訴我們所能覺察到的自我，就是這一切經驗的種種作為。可是，這些經驗都各自不同。當我們在看的時候，怎麼知道看的那一個自我和正在聽的那一個自我，還有正在觸摸的那一個自我，它們都是同一個自我？如果從經驗的角度嚴格來看，這樣的自我應該有三個才對，不應該只有一個。如果是三個，為什麼我們又會說這是我們的自我在看、在聽、在觸摸，而不會說這是看的自我在看、聽的自我在聽、觸摸的自我在觸摸？

　　面對這樣的問題，我們應該如何回答？不要從經驗對象的內容來看，如果回歸經驗本身，那麼就會發現答案就在其中。因為，雖然我們所使用的感官不同，例如用視覺在看、用聽覺在聽、用觸覺在觸摸，可是這些看、聽、觸摸都是我們的自我在看、聽、觸摸，而不是不同的自我在做這些事情。所以，在回答問題時，只要能夠回到經驗

本身，就會發現這些不同的感覺作爲，其實都只是我們的自我所發出來的不同作爲，而不是不同的自我所發出來的作爲。

這麼看來，我們在探討什麼是自我的問題時，好像已經找到了想要的答案。其實，這只是表面的感覺。實際上，裡面還是潛藏著很多問題。例如這樣的自我在感覺時，它不只是現在在感覺，它還會有過去的感覺和未來的感覺，那麼當這些感覺出現在不同的時空當中，我們又怎麼知道這些不同時空的感覺就是同一個自我的感覺？會不會它們只是不同自我的感覺？對於這樣的質疑，說真的，有時也不太好回答。因爲，對於記憶力正常的人而言，可以藉由記憶力來證明這些不同時空的感覺都是我們自我的感覺。可是，如果是失憶症患者或失智的人，這樣的記憶力就難以成爲合理的證據。因爲，他們會說有些時空當中的感覺不是他們的。

對於這樣的問題，又該如何回答呢？的確教人頭痛。不過也不須過早灰心。因爲，雖然不能透過記憶力來解決，卻可以透過科技的作爲來解決，例如可以用數位方式保存不同時空的感覺，這麼一來，就算當事人不記得這些感覺，我們也可以利用這些科技作爲來證明這些感覺都是他們的。這麼一來，有關上述的質疑似乎就找到了解決的方法。然而，問題真的解決了嗎？從理性的角度而言，這樣的解答還是有些問題的。理由很清楚，就是這裡有造假的可能性。

如果相關感覺是造假的結果，那麼上述所提的證據力就會消失。對我們而言，很難拿這樣的證據來證明這些不同時空的感覺，它們確實是來自於同一個自我。如果要克服這樣的質疑，就必須有更進一步的理由，否則很難化解這樣的質疑。那麼，要如何化解這樣的質疑呢？幸好人的存在不是只有感性，也不是只有記憶力或想像力，人還有理性，才讓我們找到解決問題的出口。

爲什麼理性就有辦法幫我們解決問題？這是因爲理性有分析、理解和批判的能力。對於這樣的造假問題，可以藉由分析、理解和批

判的能力來分辨。如果這些感覺是造假的，那麼它就會有能力分辨出它們的真假。同樣地，如果這些感覺是真的，那麼它一樣有能力可以分辨出它們的真假。就這一點而言，我們就可以從理性角度來證明這些感覺是真的還是假的。經過這樣的證明以後，我們就會發現這一些感覺都是我們自我的感覺，而不是不同的自我在不同時空中各自的感覺。由此，我們找到了自我的同一性。

接著會產生一個問題，那就是這樣的同一性有什麼作用？除了讓我們知道我們的自我是同一個以外，還有什麼樣的作用？對於這個問題，我們的回答是，如果沒有同一性，那麼就沒有辦法產生自我認同。可是有了同一性以後，我們的自我認同就有可能。因為，人的自我不是沒有內容的，它的內容會不斷隨著時空作為的變化而變化。當它在變化時，如果自我不是同一的，那麼怎麼判斷這些變化和誰有關？最多只能說這是一些不相干的變化。不過，有了自我的同一性以後，就可以很確切地說這些不同的變化都是和我們的自我有關。如此一來，自我是什麼的討論就可以獲得一個簡單的結論就是，自我不是經驗所感覺到的內容，也不是記憶力所決定的內容，而是理性的自我覺察，在覺察當中意識到的。對於這樣的意識，如果希望了解它的進一步內容，那麼就必須從自我認同的部分著手。因為，透過不同的自我認同，我們的自我就會展現出豐富的內容，呈現出各式各樣的樣貌，顯示出不同的人格樣態。

其次，再來探討他人是什麼的問題。正如上述所言，我們怎麼知道有他人的存在？其實，就是透過經驗而得。如果沒有經驗，那麼我們根本就不知道他人的存在。不過，在知道他人的存在以後，又是怎麼了解他人的？基本上，我們和他人是不同的。如果我們和他人是相同的，就無法清楚分辨自己和他人。現在，之所以能夠分辨自己與他人，是因為我們很明顯可以分辨自己和他人確實是不同的。那我們怎麼知道自己和他人是不同的？此處的依據主要是什麼？有兩個主要的

依據：第一個就是他人和我們的存在具有不同的特徵，第二個就是他人會對抗我們。就第一個依據來看，他人在長相上和我們不同。既然長相上沒有一樣，那就表示彼此是不同的存在。當然，對於這樣的說法還是有人會質疑，他們質疑的重點放在雙胞胎的長相上。有的雙胞胎，他們在長相上真的很難分辨，常常容易讓人搞混。但是，這種容易搞混的情形是從認知上來說，如果更進一步加以分辨，那麼還是有能力分辨的。

那麼，要透過什麼因素來分辨？這個因素當然不能是長相，也不能是基因。如果是基因，那麼對於異卵雙胞胎它是可以分辨的，一旦遭遇同卵雙胞胎，這樣的分辨就可能會失敗。因此，我們也不能靠基因來分辨，那麼還有什麼因素可以用來分辨？就我們所知，就只能從成長的經驗來看。對人而言，每個人的成長經驗都不一樣，就算是在同一個環境當中，人還是可以成為不同的人。其中，最關鍵的因素就是人的自由抉擇。在自由抉擇的影響下，人是不可能完全一樣的。既然不會完全一樣，那對於他人的存在就可以抱持肯定的態度。

除了上述的證據以外，對於他人的獨立存在性還有第二個證據。基本上我們都會有這樣的經驗，就是當我們希望他人怎麼樣的時候，他人常常不會讓我們如願。相反地，常常會表現出我們所不希望的那樣。對我們而言，這是違反了我們的願望。假如他人根本就沒有獨立的存在性，那麼應該就會如我們所願，而不會出現違反我們意願的情形。所以從這一點來看，我們也可以很明顯地感受到他人的存在是獨立的。

那我們要怎麼去了解他人存在的內容？對我們而言，我們對他人是沒有直接經驗的，但卻有間接的經驗。也就是說，我們可以經由自己的經驗做推敲，去設想他人的存在內容。例如可以從自己所經驗到的他人表現，經過推敲的過程，設想出他人有如自己，也是具有自我存在的一個人。如果不是這樣，那麼在經驗的呈現上，他人就不會這

樣表現。依此，我們就可以在經驗呈現的一致性與對抗性上發現他人
應該也有一個自我。倘若他人沒有一個自我，那麼這樣的一致性和對
抗性是不會出現的。

現在，這種一致性和對抗性既然存在，那麼他人有個自我的存
在也就沒什麼好質疑的。可是，沒有什麼好質疑是一回事，存在的內
容是什麼則是另外一回事。由於他人的存在是獨立的，而這樣的獨立
性又不是一般的獨立性，而是具有自由的意志，所以也是一種理性
自由的存在，正如我們的存在那樣。對我們而言，他人是獨立自主的
存在，有理性、有意志、有感情。同樣地，對他人而言，我們也一樣
是獨立自主的存在，有理性、有意志、有感情。因此，對於這種有理
智、有意志、有感情的存在，我們稱之為主體。也就是說，無論是自
我或他人，它們都是主體的存在。

 ## 第三節　自我與他人的關係

如果自我與他人都是主體，那麼它們相互對待的關係會是什麼？
這裡最直覺的想法就是，既然都是主體，那麼當然就應該以主體的方
式相互對待。如果做不到這一點，就表示它們不是真正的主體。在這
種情況下，如果不想以主體的方式相互對待也是不可能，這樣的看法
似乎很有道理。因為，真正的主體只能以主體的方式相互對待，可
是，實情真的是這樣子嗎？其實，只要進一步深究，就會發現問題遠
比表面看到的要複雜得多。為什麼會是這樣？要回答這個問題，必須
讓我們進入到主體彼此關係的排列組合當中。

就我們所知，主體彼此之間的排列組合至少有四種：第一種是自
我的主體只把自己看成是主體，而不把他人的主體看成是主體；第二
種是他人的主體不把自我的主體看成是主體，只把他自己的主體看成

是主體；第三種不把自己的主體看成是主體，也不把他人的主體看成是他的主體；第四種是把自己的主體看成是主體，他人也把他自己的主體看成是主體。以下，我們進一步說明。

就第一種情形來看，自我的主體之所以只把自己的主體看成是主體，是因為他在自己身上明顯覺察到自己是個獨立自由的存在。當他想要做什麼事的時候，他就可以自由去做，一切由他自己決定。在這個過程中，就算出現阻礙，會不會被看成是阻礙，甚至能不能產生阻礙的效應，最終也要看他的決定。從這一點來看，他對於自己所做的一切決定都擁有自主的自由。

可是，就他所經驗到的存在而言，雖然他人也是一個主體的存在，但不一定就會把這樣的主體特質表現出來。相反地，有時候這樣的主體表現得有如物質一般，一切隨著他人的意志而轉變，作為主體的我們就會直覺地認為，這樣的存在應該是個客體而不是個主體。既然不是主體，卻以主體的方式對待他，那麼這樣的對待方式也是很奇怪的。所以，最合理的對待方式就是用不是主體的方式來對待他。這麼一來，從主動對待的一方來看，我們把自己看成是主體的存在沒有問題；從被動對待的一方來看，他人被我們看成不是主體的存在也沒有問題。

就第二種情形而言，對待的狀況與第一種情形剛好相反。在第一種情形當中，作為主體存在的是我們自己，而他人的存在就不是主體。第二種情形則是，作為主體的存在就不再是我們自己，而是他人的存在。在這種情況下，作為主動對待的一方就是他人的存在，而作為被動對待的一方就是自己的存在。當我們陷入這種處境時，就很難以人的身分被對待，而只能以物的身分被對待。相反地，在第一種情形中，被認為是物的是他人，而把自己看成是人。

無論是第一種還是第二種，彼此的對待關係都是不平等的。把自己看成是人的一方認為自己高人一等，而被看成是物的一方被認為低

人一等。所以，在彼此關係不對等的情況下，永遠不要奢望把自己看做是人的存在會平等地對待被看成是物的存在。既然不能平等對待，那麼在相處的時候，把自己看成是人的一方就會想要控制被看成是物的一方，使被看成是物的一方永遠都沒辦法逃離被掌控與支配的命運。

除了上述兩種，還有第三種情形，這裡就沒有主體的問題。當他們相互對待時，不但對待的一方沒有主體的自覺，被對待的一方也沒有主體的自覺，唯一的共同點就是彼此都沒有覺察到自己的主體性，那麼在彼此對待關係中就不會有不平等的問題，當然也就沒有被掌控與支配的問題。可是，這樣的對待結果，我們會發現這樣的對待與其說是對待，倒不如說他們彼此之間根本就沒有關係。因為，他們只是彼此獨立的共同存在而已，而不是相互有關係的共同存在。

那麼，他們有沒有可能成為相互有關係的共同存在？那就進到第四種情形，也就是對待的一方把自己看成是主體，被對待的一方也把自己看成是主體，相互之間也把彼此都看成是主體。唯有在這種情況下，雙方才有可能把彼此都看成是主體。那麼這樣的對待到底會帶來什麼樣的好處？

就我們所知，好處之一就是，彼此都以人的身分相處。由於大家都把他人看成是人，所以大家都是平等的，那麼在相處上，就會相互尊重，不會有任何一方把對方看成不是人。因為，只要有一方這樣看，那麼在否定對方的情況下，對方也可能會否定我們，這樣相互否定的結果，就會變成都不是人。所以，為了把自己當人看，最好的做法就是也把對方當人看，在彼此相互尊重的情況下，就不會再出現掌控與支配的情形。對我們而言，這樣的主體人際關係也是自我與他人關係的最佳組合方式。

經由上述的探討發現，一個人要成為人並沒有那麼容易。如果他在對待自己、對待他人都沒有辦法以主體的方式，那麼就很難保持人

的身分。相反地，他在對待自己、對待他人隨時都用主體的方式，那麼這樣的人要保持人的身分就會很容易。因此，基於彼此關係的和諧需求，甚至是彼此成就的需求，我們在自我與他人的關係上最好的選擇，就是把彼此都看成是主體。

7 生命的自我實現（3）
如何看待自然

丹田
繪作室

第一節　問題的重要性

對人類而言，有關自然的問題在不同的階段會有不同的看法。最初，人類對於自然是抱持著敬畏的心，之所以如此，是因為人類對於自然實在不了解，不過，人類對於自然的確有很真實的體會。那麼，這個體會是什麼？簡單來說，就是絕對超越人類的力量。無論人類如何的努力對抗，自然的力量始終是凌駕在人類之上。只要自然一不高興，人類就會遭殃，輕則傷身，重則喪命。對人類而言，只有乖乖地臣服於自然的力量，或許人類才有存活的機會。不然，人類要順利地存活下去幾乎就不可能。

那麼，要怎麼做才能表示他們對於自然的臣服？在此，早期的人類從他們個人生存的經驗中摸索出一個做法，就是用示好的方式來解決問題。對他們來講，自然似乎是一個比人類更加巨大的人類，它擁有比人類所有的力量加起來更大的力量。因此，面對這種無比巨大且超越人類甚多的力量，他們認為，只要藉由示好來表示臣服，那麼這樣的力量就會包容他們，讓他們可以順利地生存下去。

可是，這種藉由示好的方式來表示對自然的臣服，是否真能有效地解決生存問題？嚴格來說，他們自己也不知道。他們認為這樣的作為是唯一能夠做的，至於結果是否有效，真能如人所願，他們並不清楚。對於這種只具主觀願望的想像，實際作為的結果當然不是有效就是無效兩種。如果是有效的，那麼人類就會認為自然接納他們了。如果是無效的，那麼人類就會認為自然拒絕接受他們的示好，這時，他們就會開始反省自然不接受代表的是什麼。

面對自然的不接受，他們是如何處理的？由於他們對於自然實在不了解，又不知道對自然的威脅如何化解，只好繼續使用他們自己認

為有效的示好方法來解決問題。經過持續努力地實踐，或許總有一次自然接受了，他們就會覺得終於解決了問題，總算可以放心繼續活下去了，直到下一次不知如何又得罪了自然，只好繼續用相同的方法來解決問題。

對於解決問題的效力問題，對早期的人類而言，要加以改善幾乎是無能為力的，唯一能夠做的事，就是堅信這樣的做法是有效的，否則他們就只能一次又一次地實踐下去，直到達到效果為止。至於作為是否真的有效，除了主觀相信，沒有辦法進行客觀反省，遑論進一步的改進。為什麼會這樣？有一個很簡單的解釋，就是他們還不太有能力使用理性，就算有能力使用，也只是初階而已，例如工具的製作與使用。等到有能力進行高階的使用時，才懂得反省與創造。

由於早期的人類只有初階能力，只好乖乖地臣服於自然，除了對自然抱持敬畏的態度之外，不能再有什麼其他選擇。這種以自然為尊的態度持續了很長一段時間，不知有多久，直到人類開始有了文明以後，才開始有一些作為。當人類逐漸有了文明以後，對於自然不是一開始就不臣服，而是慢慢地釐清界線，看哪些是人類所無法駕馭的，哪些是人類可以駕馭的。對於人類所無法駕馭的部分，他們只能繼續採取臣服的做法。不過，在這樣的作為中慢慢地把自然與人類分開，不再用人類的角度去看待自然，而是從超越人類的角度去看待自然，認為它們是具有神性的永恆存在。

除了這部分以外，對人類而言，自然還有可以駕馭的部分。人類不再從臣服的角度來了解，而是從可以控制的角度來了解。對人類而言，這部分原先是無法控制的，只能臣服。現在既然可以控制了，那麼就沒有必要繼續臣服。經由這樣的經驗，自然就被分成兩個部分：一個是可以控制的，一個是不能控制的。對於可以控制的，就會用人類的方法加以控制，而不能控制的，就會用早期人類示好的方法繼續示好。只不過這種示好的方法不再只是單純地敬畏，而是慢慢加上一

些理性的成分，使得這樣的存在具有某種程度的神聖性，甚至成為一切存在的起源。

經過這樣的轉變過程，人類開始意識到有關自然中可以控制和不可以控制的部分，之間的界線範圍似乎沒有想像中那麼清楚。實際上，這條界線好像可以隨意變動，其中的關鍵不在自然本身，而在人類的能力。只要人類有能力用人為的方式去改變它，那麼它就會隨著人類能力的進展逐漸往後退。既然如此，那麼為什麼人類不能一直開發自己的能力，使自然不斷地往後退？只要人類不斷地開發提升自己的能力，或許有一天自然就會退到一無所有，自然對人類就不再是不可駕馭，而是可以完全駕馭的。到了那時，或許神這一類的存在就再也無容身之地，變成只是問題解決不了時的一個代號。

對於這樣的想法，到了近代人類逐漸孕育出來，也慢慢主導了世界。對人類而言，神已逐漸從人間退位，主宰人間的力量慢慢地變成了人類。那麼，人類為什麼有力量可以征服自然？這是因為開始懂得如何利用科學。當人類愈來愈懂得利用科學的時候，自然的神祕面紗逐漸被掀開。在掀開的那一剎那，人類發現只要願意，善用理性，自然就不再那麼神祕。相反地，認識到自然只是塊然大物，只要有能力，就懂得如何控制與支配。

這樣的思潮，隨著科技的發展，人類逐漸出現支配自然的能力。對人類而言，自然不只是一個需要了解的塊然大物，還是一個可以控制和利用的對象。只要願意，又有科技能力可以處理，不只可以了解這樣的塊然大物，也可以支配改造。就是這樣的想法，使得自然不再是原先被敬畏的自然，而是慢慢變成了人類改造過後的產物。當自然進入這個狀態，對人類而言，自然就變成我們改善生存條件的存在，滿足我們物質的享受。

本來，按照人類的如意算盤，只要一直開發自然，利用自然，人類就會愈來愈幸福。很諷刺的是，在開發自然，利用自然的過程中，

人類並沒有如預期所想的那樣變得愈來愈幸福，相反地，人類的生存愈發地困難，好像連生存下去的可能都沒有。為什麼會這樣？自然對人類的威脅不是逐漸在減少當中，而人類對自然的控制不是逐漸在增加當中？既然可以逐漸的控制自然，為什麼自然又成為人類無力控制的威脅？對於這個問題，很值得我們進一步深思。

為什麼會出現這樣的反效果？原來，人類在控制與利用自然的過程當中，一切都以滿足人類本身的需要為主。至於這樣的滿足會不會有後遺症，對現代的人而言，最初是不在考慮之列，那麼當問題發生時自然也就不知如何化解？甚至有的人還認為這根本就不是問題。在缺乏問題意識的情況下，自然變成愈來愈不適合人類生存。可是，如果沒有自然，那麼人類就沒有生存的地方，無論科學再怎麼進步發展，科技再怎麼發達，也很難有效地解決生存地方的問題。所以，在這種危急存亡之秋的急迫感威脅下，人類開始正視自然，認為自然不只是人類控制與利用的對象，還是人類生存的地方。如果沒有善待自然，那麼人類在生存上就會陷入無立錐之地的窘境。

基於這樣的反省，我們開始正視自然的問題。對我們而言，自然不只可以改善我們生存狀態，也讓我們可以繼續生存下去。既然如此，那麼我們就要在開發自然、利用自然的過程中，謹慎的考慮這樣的開發和利用可以到什麼程度？應當怎麼做才不至於破壞自然，導致我們連生存的餘地都沒有。對於這樣的反省，成為我們這個年代最重要的任務之一，也是事關我們是否可以順利生存下去，甚至於永續發展自己生命的最重要課題。

第二節　自然是什麼

　　在了解現代人為什麼會開始重視自然的問題以後，接著要問自然到底是什麼？對於這個問題，不同的年代給予的答案都不一樣，甚至說得誇張一點，有時候連同一個年代的人看法也可能不同。那麼，為什麼會有這樣的差異出現？如果要深入探討，還是要回歸到那個年代本身才能了解。如果一直停留在這個年代，那麼就很難如實了解為什麼會這樣。所以，只有回到那個年代，從那個年代的角度去了解它。

　　我們從人類早期的了解開始。正如上述所說，人類的生存與其說是人類，倒不如說是動物。因為，當時在面對自然的威脅時，人類的反應有如動物，只要有機會，夠幸運的話，人類就可以在自然的威脅下順利存活下來。可是，只要失去機會，幸運不再，人類就很難從自然的威脅下逃生。因此，面對這樣的自然，人類除了本能反應以外，實在很難還有什麼其他不同的反應。

　　那麼，當時的人類對於這樣的自然是怎麼了解的？對他們而言，這樣的自然是威脅他們生存的自然，卻也是讓他們得以生存的自然。因此，他們一方面要對抗自然，是因為不對抗就無以生存；一方面卻又要臣服於自然，因為對抗不了只好臣服。對他們而言，自然是一個超出他們經驗範圍的存在，他們只能用想像去猜想，而無法用理性去了解。

　　可是，人類不同於動物，不是一直處於相同的狀態，而是會隨著時間與經驗逐漸演變。當經驗愈來愈成熟時，人類的理性開始產生作用。這時，自然不再只是一個超越人類理解範圍的自然，他們還會嘗試性地把自然納入理解的範圍。那他們會怎麼做？最初，他們會利用想像的力量，把自然想像得有如人類，只是不是一般弱小的人類，而

是力量無比強大的人類。只要人類乖乖地臣服於自然，它們就不會懲罰人類，使人類得以順利生存下去。但只要人類冒犯了自然，那麼它就會降罪於人類，使人類失去生存的機會。從這一點來看，人類當時是從力量的強弱來了解自然。

逐漸的，只有這樣的理解已經不夠了。對當時的人類而言，這樣的自然太不自然了。因為，自然如果是可以理解的，那麼它應該會更理性一點，而不是只有懲罰人類。當人類做對了事情，那麼自然就應該獎賞人類，那這樣的自然才算是合理的，否則只有非理性的反應，就很難被人們所接受。為什麼當時的人類會這麼想？其實是因為人類對於事物的了解開始理性化了。在理性的要求下，不單要求自然要超越人類，也要求自然要有理性。

對於這樣的超越與理性，人類逐漸發展出不同的了解方式。第一種方式就是把自然超越化與理性化；第二種方式就是把自然和超越化與理性化分開。就第一種方式來看，自然逐漸被神化了。如果自然本身就不是神，那麼這樣的自然怎麼可能超越人類？又怎麼能做出理性的回應？由此可見，自然本身就是神。當它在面對一些對的事情時，人類只要按照這樣的標準去做，那麼它就會肯定人類的行為而給予獎賞。當它在面對一些不對的事情時，如果人類按照這樣的標準去做，那麼它就會否定人類的行為而給予懲罰。

就第二種方式來看，自然與超越化和理性化逐漸分家，自然不再是唯一的自然，它只是一個受造物。它之所以存在，是來自於上帝的創造。當上帝創造了自然以後，它不是要自然獨自存在，而是要自然成為人類可以生存與利用的環境。在這樣的了解下，自然成為人類管理的對象之一，就像動物和植物那樣，都是人類可以決定和支配的。這麼一來，自然雖然不再像早期那樣神聖，但是受到上帝創造的影響，人類在利用它時也不得不抱持著一種敬意，否則就是對上帝的褻瀆。

到了近代，人類開始用純理性的方式來了解自然。對人類而言，自然就算是上帝的創造物，就在上帝賦予人類的權力時，就已同意讓人類自由利用。既然如此，那麼人類當然就要從經驗出發，看這樣的對象可以怎麼利用，而不是把它看成是上帝的化身只知頂禮膜拜！這種態度的轉變，開始出現科學的認知。對於科學而言，自然只是一個認知的經驗對象。從認知的角度來看，我們在自然的身上看不到半點生命的跡象，唯一有的呈現就是物質的現象。依此，近代人類開始從物質的角度來了解自然。

不過，只有這樣的了解還不夠。因為，這樣了解的結果只是一種客觀的認知，對人類本身的生存狀態並沒有什麼幫助。既然科學告訴我們自然只是一個物質的存在，那麼我們是否可以加以利用呢？受到這種想法的影響，現代人類進一步發展出科技，希望能利用科技來改造自然。經由這樣的改造發現，自然對人類是有用的，而這個用處就是讓人類的生活可以更加舒適，甚至有機會可以享受富裕的生活。在這種想法的引導下自然就成了有助於滿足人類慾望的物質存在。

問題是，當人類這樣了解自然時，自然開始出現問題，就是逐漸地不再適合人類的生存。因為，如果人類繼續抱持這種利用的心，而不去改變原有的想法，那麼有朝一日，自然很快就會變得不再適合人類生存。到了那個時候，人類再來想怎麼改變自己，也無濟於事。於是有人開始檢討，不再從人類中心主義的角度出發，轉而從自然本身的角度出發，認為人和自然之間的關係不是單純的支配者與被支配者，而是共生的存在。既然如此，那麼就要尊重自然，依自然的規律去開發自然，而不能任意而為。至此，自然從完全被支配的物質對象，變成被尊重的、具有自己發展規律的存在。

第三節　對自然應有的態度

　　從上述的探討可知，人類對於自然的了解是很複雜的，不是自古皆然。之所以如此，主要是受到不同時代理性發展的影響。當人類的理性還不知如何作用的時候，人類完全臣服於自然之下，把自然看成是神一般的存在。但當人類的理性逐漸發展以後，神聖的自然光環就慢慢退去，最後變成單純物質的存在。這樣的演變過程，使得自然從備受尊重到完全不被尊重的狀態。雖然這樣的演變好像讓人類更加客觀地了解自然，但這樣了解的結果並沒有讓我們產生一個滿意的答案。相反地，倒是為我們帶來更多的困擾，甚至讓我們覺得快活不下去了。

　　對於這樣的困擾，我們不能視若無睹。因為這只會讓我們陷入生存的困境，終至無法生存。所以，在這種生存危機的逼迫下，我們必須正視這樣的問題，未來才有機會繼續生存下去。否則，持續的抱持過去開發自然的心態，以為不管怎麼開發自然也不會怎麼樣，忽視的結果，最終就是自然不再適合我們的生存，我們將變成無家可歸的孤兒。一旦淪落到這樣的困境，就很難再有回頭的機會。所以，有人警醒人類應該及時面對才對。

　　那面對的結果會是什麼？就是環保思潮的出現，即人類不再把開發自然當成是一種理所當然，也要考慮到人類生存的問題。如果開發的結果會影響到人類的生存，那麼就要審慎考慮這樣的開發是否可行，不能輕易而為。如果會為人類帶來重大的負面影響，那就必須終止這樣的開發，甚至於放棄，永不再做。由此看來，這樣的反省對人類來說是有用的。在此，可能有人會產生一個疑問，就是應當怎麼判斷這樣的影響？有沒有什麼評判標準比較不會有爭議，也比較容易被

接受,否則很難讓社會大眾接受。因此,怎麼找出評判的標準,對環保運動的推動其實是滿重要的。

那要怎麼找才不會遭受大家的質疑?就我們所知,這個標準一直在變化。也就是說,社會大眾在形成這樣的標準時也是慢慢地嘗試,看哪一種標準才能為大家所接受,最初考慮的重點放在人類的生存上。對人類而言,生存是需要條件的,主要是適不適合人類的生存。因此,在考慮這個問題時就會把重點放在自然的開發對人類的影響,如果是不好的就不要做,如果不會影響人類生活的品質,那就可以做。問題是,要根據什麼具體的標準來判斷到底可不可以做?對於這個問題,需要我們更進一步的探討。

首先,自然的開發是否會影響我們生存的品質?如果不會,那麼這樣的開發是被允許的,否則就是不被允許的。怎麼樣叫影響我們的生存品質?在此舉例說明。當然,不同階層的人對於品質的要求也各有各的定義。例如對有錢的人而言,他們對於品質要求的標準可能就會比較高,自然也會要求得更多,因為,他們已經知道什麼是高品質的生活。像對環境,他們要求的就不只是可以居住,還要求要對健康有益,甚至於不可以影響他們心情的寧靜。

至於那些比較中下階層的人,他們對於生存品質的要求可能就會降低很多。因為,他們在意的不是可以活得多好,而是可不可以活得下去?只要所處的環境不要影響到他們的生存,他們就會接受這樣的標準,認為這樣就夠了。由此可見,有關生存品質的標準也是因人而異。話雖如此,對於生存品質還是要有一個比較客觀的認定。也就是說,除了生存以外,還要健康,甚至要求身心的舒適。因此,政府才會對人民的居住環境有一定的規定,像樓層的高低要有多大的綠地面積,以及公共空間所佔的比例等。

其次,資源利用的問題。過去我們總認為自然資源是無限的,歷年來經過各種開發使用和探勘,發現自然資源似乎和我們的想像不

同，並沒有那麼的無限，那麼在開發使用上就必須有所節制。否則有一天，當這些資源都用盡了，那麼在無資源的情況下，人類又該如何生存下去？基於這樣的考量，善用資源便成為一個標準。

那麼要怎麼做才算是善用資源？可以從幾方面來看。第一就是不要浪費資源。對於可用的資源要珍惜，如果不用就不要浪費，千萬不要以為資源很多，又很有錢，為什麼不多用一點？如果人人都抱持著這樣的心態，那麼在人口不斷增加的情況下，人人又講究享受，這些資源遲早會被耗光。到時，不管我們再怎麼想辦法，也無法解決沒有資源可用的窘境。

第二就是回收用過的資源。對於許多使用過的資源經過回收再處理後，仍然可以繼續使用，它可以做原有的用途，也可以做不同的用途。但無論用途是什麼，都說明這些用過的資源有再被利用的可能，對有限的自然資源來說，這種回收再利用就是一種解決問題的方法。只要善用這些方法，那麼有限的自然資源就可以透過循環使用變得不再那麼有限。

只有這樣的考慮其實還不夠。因為，自然資源就只有這麼多，雖然這一代人審慎使用，但在資源不足的情況下，也很容易被用光。不要忘了，人類還會繼續傳承下去，不是只到我們這一代，當我們在使用這些有限的自然資源時，要不要也考慮他們的需求。他們也是自然的一分子，當然也有權利使用這些資源。所以，對於自然資源的利用，不再只是我們這一代為準，而是逐漸擴及下一代，甚至下下代，最終出現永續使用的想法。

問題是，無論自然資源怎麼循環利用，只要有人類存在的一天，這些資源最終都有告罄的可能。既然自然資源有限，無法做無限地使用，那我們可以怎麼做？有人可能會提議尋找新的自然，也就是在地球之外找到適合人類生存的星球。然而，按照目前科技的水準，要做到這一點似乎很困難，可以說幾乎不可能。就算有可能找到新的星

球，也適合人類生存，但要把所有人都遷移過去似乎也不太可能，因為有交通工具要解決，相關花費也不少，對大多數人而言，機會似乎很渺茫。

那還可以怎麼做？有人就認為還是可以善用自然的空間。過去由於科技的不發達，人類只能生存在陸地上。就算有人可以傍水而居，基本上還是生存在陸地範圍內，並沒有真正進入水中。可是，現在的科技愈來愈發達，未來人類就可以利用科技，開發廣大的海洋空間作為居住的場所，就可以解決部分住居的問題。此外，立體化的處理和人口控制也都是一些有用的方法，值得進一步參考。

相對來說，有的資源不可再生，利用的有限性似乎就比較難解決。因為，一旦資源被用光了，那麼要再生成這樣的資源基本上是不可能的，那還能怎麼解決這樣的問題呢？重要的是我們的思維不改變，只知進行直線式思考，那要解決問題永遠沒有可能。但如果我們可以改變思維方式，從可替代性著手，讓替代性資源變成現有資源的後備資源，讓這樣的資源從一定的量增加了許多倍，甚至於多到難以計數。所以，可替代性是很重要的一個解決問題的考量。

綜合上述的探討就會發現，我們對於自然不能再像過去那樣想怎麼樣就怎麼樣，而要尊重自然。不僅如此，在尊重的過程中還要了解自然本身的規律，並配合這樣的規律去使用自然。那麼，在使用的過程中就會發現，人與自然是一體的，我們怎麼對待自然，自然就怎麼回報我們。一旦養成了這種對待自然的態度，那麼未來在使用自然資源的過程中就可以善用資源，讓這樣的資源不但可以發揮最大的效用，還可以在多元運用下使這樣的資源往永續使用的方向走，不要讓我們的下一代或更下一代成為沒有資源可以使用的可憐新一代。

8 生命的自我實現（4）
如何看待生命的終極意義

第一節　問題的重要性

對早期的人類而言，生命就是生命，並沒有什麼終極不終極的說法。在他們的想法當中，人所應該思維的就只是活著。至於活著應當如何，死後應當如何，對於這些問題，嚴格來說，都不在他們思維的範圍，如果有一天死亡來臨了，他們也就接受這樣的事實，而不會有其他的想法。如果勉強要說有，那就是最好不要死亡。對他們而言，他們實在很難了解什麼是死亡，而且認為死亡是一件很可怕的事情。但奇怪的是，害怕歸害怕，他們又認為人死後應當還會繼續存在，只是存在的型態和生前不太一樣，可能會變得更加強大。

照理來講，人類既然認為人死後還會繼續存在，且會變得更加強大，那麼應該樂意接受死亡，而不是懼怕死亡。可是，事實告訴我們他們是害怕的，所以要舉行殯葬儀式來送走亡者，讓亡者認為他們的死和生者無關，希望死後不要把生者也一起帶走。由此可見，早期的人類對於生命實在沒有太多的思考，有的只有直覺反應，即使裡面充滿了矛盾，他們也一無所覺，只是認為本來就應該這樣認定和處理。

為什麼他們會陷入這樣的矛盾而不自知？按照我們的猜測，其中最主要的理由就是他們的理性還沒有進入反省層次的運作。當人類的理性還停留在工具階段，他們只會運用理性製作工具來維持生存，甚至創造儀式來安撫死亡，但卻無能為力運用理性來反省自己的作為到底是合理的還是矛盾的。如果要讓理性可以進入反省的層次，那麼還需要走很長的一段路才有辦法做到。

不過，當時雖然無法做到這一點，卻也為我們起了一個很好的頭，就是人死後可能會繼續存在，需要舉行殯葬儀式來安撫亡者。那麼，它好在哪裡？從今天科學的角度來看，實在很難看出有什麼好。

相反地，我們可能會認為早期人類之所以這樣做，是因為民智未開，還不知如何使用經驗與理性才會這樣。也就是說，這樣的起頭只是一種迷信的結果，完全不具任何科學的價值。

既然這樣，那為什麼還會說這樣的頭起得好？到底好在哪裡？之所以這麼說當然有我們自己的道理，就是它為人類的生命開啟了一種可能性，使人類可以明顯地和動物區隔開來，表示人類真是萬物之靈。這又是什麼道理？就我們所知，就是人類對於死亡不是簡單接受，而是在殯葬儀式的安撫中表達了一種想法，認為人類的死亡是需要處理的，不是只是接受就好。之所以需要處理，是因為不是死了就算結束，他還有可能繼續存在，且這種存在對於生者是會構成威脅的。因此，如何安頓亡者成為一個重點。同時，在安頓中讓他們不知不覺就接觸到了終極意義的問題。

對我們而言，這樣的接觸是很重要的，不能輕易放過。因為，人之所以和動物不同，不只具有理性，對生命的態度其實也不一樣，深度更是不同。對動物而言，生命是短暫的，當死亡來臨時，只要接受死亡的事實就什麼都不用想了。可是，人類的對待方式完全不同。的確，死亡是一個必須接受的事實，人類好像與動物相同，無論如何反抗，結局都是一樣。但在面對死亡問題時，人類會進一步提出這樣的結束到底有什麼意義？透過這樣的發問，人類的生命就從現世趨向永恆，碰觸到了終極意義的問題，問人類到底有沒有終極的意義？這樣的意義到底應該是什麼？

從上述的說明可知，早期人類對於死亡的反應，不要只從科學的角度把它看成是一種迷信，而要從另外一個角度看它對生命的拓展和延伸如何讓生命從現世趨向永恆。然後，經由這樣的拓展和延伸讓我們有機會提出一個問題，就是生命除了現世以外，是否還有終極的意義。當然，在此有人就會提出質疑，難道是科學錯了嗎？如果真是如此，那麼今天為什麼還要把它奉為真理的圭臬，彷彿只要不符合這個

標準就一定是錯誤的？

　　對於這個問題，如果沒有給予一個合理的回答，人們就會認為上述的解說只是一種強辯，並沒有什麼合理根據。那麼，要怎麼說才可以合理解釋上述的說明？在此，我們不能繞開科學的說法。因為，對我們這個時代的人而言，科學就是真理的標準。如果繞開科學的說法，另闢蹊徑，那麼這種繞開就很難說服現代人覺得這是合理的。所以，為了合理說服現代人，我們只能從科學的角度提供理由。

　　那麼，要怎麼做呢？對此，我們的立足點就必須建立在科學本身的說法上。對科學而言，它之所以會被現代人認為是真理的標準，並不是科學本身已經打敗了所有其他角度的說法，而是它在經驗上的科學有效性說服了所有人，讓所有的現代人覺得只要不符合科學說法的就一定是迷信的或是錯誤的。至於科學以外的角度是否就不可以成立，嚴格來說，這個答案還在未定之天。如果要很科學地回答這個問題，為這個問題提供科學的答案，那麼就必須進一步用科學的方式來提供證據，否則這樣的討論結果一定不會是科學的。也就是說，不符合科學本身的要求。

　　因此，什麼是科學的角度我們就有責任把它說清楚。一般而言，所謂的科學和經驗有關，一切的判斷都以經驗作為標準，只要是符合經驗的，它就是科學的。如果不符合經驗，那麼這一定就不是科學。所以，從這一點來看，經驗在科學之中占有很重要的地位。如果不是經驗，那麼就很難判斷什麼是科學的？什麼不是科學的？如果是這樣，那就有必要弄清楚什麼是經驗？因為，只有弄清楚什麼是經驗以後，才有資格說什麼是科學，什麼不是科學的。

　　可是，經驗不就是經驗嗎？不是大家心裡都有一把尺知道經驗是什麼？從表面來看，這樣的回答似乎很有道理。因為，從常識來看，大家對於經驗應該都有所知，否則我們怎麼有能力分辨什麼是科學的？什麼不是科學的？但站在科學的角度上，只有常識的回答顯然是

不夠的，需要進一步了解經驗是什麼的問題。如果沒有進一步了解經驗是什麼，那就不是科學的探討。就科學的探討而言，實事求是是很重要的。

如果真是這樣，那在實事求是精神的要求下，當然只有進一步探討經驗是什麼。在此，我們要從感覺經驗談起。因為，科學的探討一切都要從感覺經驗出發，否則我們就不會認為它是科學的。既然如此，對於感覺經驗我們就有必要加以說明。什麼是感覺經驗？簡單來說，就是利用現有的感官對於所接觸的對象進行感覺所得到的結果。這麼說來，只要符合這樣的說法就是科學了。其實也沒那麼簡單，它還有更進一步的標準答案。

那麼，這個標準是什麼？就是客觀性與重複性。當一件事情的發生，不只是自己可以感覺得到，別人一樣可以感覺得到。如果所有的人都可以感覺得到，那麼這個經驗就是客觀的。如果事件發生時感覺得到的只有我們，而別人是感覺不到的，那這樣的經驗就不是客觀的，而是主觀的。由此可知，感覺雖然是主觀的，但在大家共同感覺的保障下，這樣的感覺就由主觀變成客觀，這時所形成的經驗自然是客觀的，絕對不是主觀的。

至於重複性的標準，所指的意思不是只出現一次，而是無數次。只要有人用感覺來經驗，那麼他不是只有這一次感覺這樣，如果他願意再感覺，那麼下一次的感覺也是這樣，絕對不會是這一次感覺這樣，下一次就不是這樣。以科學而言，這樣的可重複性非常重要，正如客觀性，它們都是保障科學有效性的重要標準。如果缺乏這兩項標準，那麼科學就不再是科學。所以，科學之所以成為科學是有它的標準的。

這麼說來，只要不符合這些標準的就不能稱為科學。例如死後生命的存在，有的人可以感覺到，有的人就感覺不到，這就表示這樣的感覺不是客觀的，而是主觀的，當然也就不能從科學的角度來認定

它，而只能把它看成是非科學的，甚至於是不科學的。

　　同樣地，依據重複性的標準我們會發現，對於死後生命的存在，有人在這一時這一刻可以感覺到它的存在，但到了下一時下一刻又感覺不到它的存在。就科學的角度而言，這種有時存在有時不存在的感覺並不符合可重複性的標準，因此，我們就不能說它是科學的經驗，最多只能說這是他個人的一時經驗。或許，這樣經驗的出現只是一時錯覺的結果。雖然有人可以把它解釋成陰陽眼的結果，但不能重複出現則是一種不科學的表示。

　　從這一點來看，有關死後生命是否繼續存在的判斷的確令人生疑，因為，我們實在很難提供客觀又可以重複的經驗，最多只是主觀不可重複的經驗。既然這樣，那就表示這樣的存在要通過科學的考驗成為知識是很困難的。這麼一來，我們是否就要拒絕它的存在，把它看成只是一種迷信，完全是理性尚未成熟前的產物？對我們而言，這似乎就是科學給予最後的判定，沒有任何有理性的人可以提出合理的質疑。

　　問題真的是這樣嗎？的確，在一般情況下，對於經驗的判斷標準確實如此。可是我們忘了一點，這樣的標準適用的範圍在哪裡？其實，並沒有我們所認為的那麼沒有界線。實際上，它的適用範圍是有界限的。那這個界限在哪裡？就我們所知，就在於現世的世界，也就是經驗感覺得到的範圍。對於死後的存在，它已經脫離現世感覺經驗的範圍。那麼，對現世的人而言，對它們的存在沒有經驗也是合理的。

　　由此可知，當我們肯定死後生命繼續存在的可能性的時候，並沒有說它們一定存在還是不存在，而是說它們可能是存在的。理由是，這樣的存在不在現世感覺經驗的範圍，那麼又如何判斷它們到底是存在還是不存在的？對於科學範圍以外的事情，如果要很科學地說，那麼對於符合科學的部分，我們當然可以說它們應當沒有問題，但是對

於超出科學範圍的部分，我們就要誠實地說我們不知道。

經由這樣的複雜探討，我們就知道有關人死後到底存在不存在的問題，其實並沒有確切的答案。不過，在可能的情況下，人的生命就有機會可以從現世延伸到永恆。這時，我們對於個人的生命就不能只問他的現世意義，還要進一步追問他的永恆意義，也就是終極意義。如果沒有這種心理準備，一切都以現世為準，那麼當死亡來臨生命真的還存在，而我們事前一無準備，這時就會處境艱難，不知如何處理，對我們而言，這樣的困境是要避免的。

第二節　對生命終極意義的界定

根據上述的探討，生命的終極意義對人而言是很重要的，對於生命的終極意義似乎也有所認知。可是，有關這樣的認知到底是什麼，我們有責任把它弄清楚。否則所有相關的討論就會像建立在沙灘上的城堡，難以接受進一步的考驗。一旦有狀況，就可能隨時崩塌。如果不希望這樣，那麼對於生命的終極意義就要有很清楚的認識。

唯有在清楚的認識下，我們才有能力進一步探討所謂生命終極意義的內容。因為，如果僅止於生命終極意義的意思探討，那麼最多也只能說明這個語詞的意義為何，至於可以是什麼樣的內容，我們就一無所知。對我們而言，之所以要知道這個語詞的意義，目的不在語詞本身，而是藉由這樣的了解進一步探討生命終極意義的內容，設法在自己的生命中確認這樣的終極意義應當如何認定才符合自己的需求，因此，才需要先弄清楚生命終極意義這個語詞的意思。

我們要怎麼知道生命終極意義這個語詞的意思？如果生命根本就沒有終極意義，嚴格來說，這樣的探討並沒有意義，只是讓我們對於這個語詞有所了解，卻沒有實際的效用。但站在科學的立場，這樣的

探討必須是有效用的。如果完全沒有效用，就沒有探討的必要。因為這樣的探討無助於知識的增加，也無助於生命的成長，自然也失去探討的動機。

這麼說來，如果要探討這個語詞的意義，它的前提就是要先知道所謂的終極意義到底有沒有存在的可能？對我們而言，如果要探討這個問題，就不能從經驗著手，因為所謂的終極意義一定不在經驗當中，那麼要從經驗的角度來探討它，結果一定是徒勞無功，所以，不能從經驗著手，而要另闢蹊徑。

要如何另闢蹊徑才有可能探討？對於這個問題，必須超出經驗的範圍進入理性的範圍。對我們而言，經驗只能從現世範圍內著手，對於經驗以外或界限的部分，它就無能為力。因為，經驗不到它們，如果想要進一步探討，就只能從理性著手。對理性而言，它的特點就是可以探討經驗以外的事物，無論是現世的，還是現世以外的。基於這樣的特點，所以選擇從理性的角度來探討這個問題。

那麼，到底有沒有所謂的終極意義呢？從現有的科學觀點來看，這樣的終極意義似乎不存在，唯一有的就是現世的意義。一旦離開了現世的意義，就再也沒有什麼意義可言了。既然如此，那麼我們是不是就可以給一個肯定的答案，就是人的生命根本就沒有所謂的終極意義，有的就只是現世的意義？從表面來看，這個答案應該是合理的。然而，我們還是可以提出合理的懷疑，就是這樣的回答是有問題的。

既然有問題，那麼問題到底出在哪裡？就我們的反省，問題出在這樣的回答不是奠基在人的生命上，而是奠基在動物的生命上。對動物而言，生命只是一個連續不斷的過程，當過程中遭遇死亡時，這個過程就處於終止的狀態。一旦進入終止狀態，也意味著這樣的終止是沒有意義的。然而，人的生命不是這個樣子，對於這樣的終止，他不是單純地接受，而是進一步做整體的反省，從過程開始到一切都終止的整個存在是否有意義？如果有意義，那麼他就會覺得這存在一切

都是好的、值得的。如果沒有意義，那一切的存在則是不好、不值得的。

從這一點來看，我們認為人的生命是有終極意義的，只是要怎麼了解它的意思，那是另外一個問題。現在，我們來了解生命的終極意義的意思是什麼。如果從整體的角度來看，這樣的意思就變成只要能整體論斷的意義就是生命的終極意義。例如從科學的角度就可以論斷生命的終極意義就只有現世的意義，以外就沒有其他的意義。如此一來，所謂生命的終極意義就變成現世的意義。

不過，上述所舉的例子只是生命的終極意義中的一個意義，並不是所有的意義。實際上，在這樣的意義出現之前，生命的終極意義一直有另外一種了解，就是人死後還在，死後更有永恆的意義。例如有關傳統的宗教或道德，它們都和科學不一樣，都不認為死亡就是個人生命的終點，相反地，死亡只是生命的一個階段，對於生命的終極意義不只要從現世來判斷，更要從永恆的角度來判斷。因為，永恆的判斷主要是依據現世的作為，如果它符合永恆的要求，那麼人在死後的生命際遇上就可能出現等值的結果，即使沒有符合永恆的要求，那麼人在死後的生命際遇上一樣可能會出現等值的結果。

從這一點來看，生命終極意義意思的了解就不只一種答案，事實上，答案可以有兩種：一種是僅止於現世的終極意義；一種是超越現世的終極意義。在此，終止於現世的終極意義比較容易了解，只要我們把現世的生命看成是一個整體，那麼從死亡的角度來看這個時間點上的意義就是現世的終極意義。至於死亡發生後，人是否還有意義，這是沒有意義的問題，它只是一種假問題，完全不具探討的價值。

至於第二種超越現世的終極意義就比較複雜。為什麼它會比較複雜？是因為這一種了解不是只有一種。所謂的一種，只是一種表象。實際上它有很多種。當然，我們不是說對這個語詞的了解是有歧義的，而是需要從對照的標準來回答。就第一種了解而言，死亡是現世

的終點，藉由這樣的了解，我們認為現世的意義也可以是一種終極意義。根據這樣的參考標準，那麼對承認死後生命還存在的說法，只要符合上述的標準就可以說它們也有所謂的終極意義。

為了更清楚上述的說法，我們底下做更進一步的說明。對佛教或道教而言，生命不只一世，也可以有無數世。對現世的生命而言，由於死亡使這樣的生命可以具有整體的判斷，對於這樣的判斷，我們就可以稱之為生命的終極意義，那麼當然就有理由把每一世的結束都看成是現世的結束。這時，每一世的結束便會出現當世的終極意義，我們沒有否認的道理。可是，不能否認是一回事，它是否就是當事人的終極意義就很難說，這要看個人的自我認定。對有些人而言，他只能思考這一世，超越這一世的一切他都抱持著存疑的態度。

有些人就不一樣，他的處境雖然也認為這一世的結束就是生命的終止，具有某種終極的意義，但他要的終極意義並不是這一種階段性的意義，他要的是從永恆角度來評斷的意義。對於這一種人而言，他在永恆事物上的信念是很堅定的，認為這樣的信念一定是真實的，雖然現在還沒有辦法用科學證實，但他在死後可以用自己的生命證實。只要這樣的證實可以成功，就算現世的人都不知道，也無所謂。因為，對他來講，重要的不是讓他人相信，而是成就自己的生命，圓滿自己的生命。

至此，對於上述的探討可以整合出一系列的答案，就是對於生命的終極意義不是只有一種，而是多種。表面看來，這樣的意義似乎都不完全相同，但它們都有相同的標準，就是把生命看成是一個整體。對只承認現世生命的人而言，他所謂的生命終極意義就是現世生命所成就的一切，此外就再也沒有別的。對於死後的生命，他們認為根本是無稽之談，沒有談論的必要。

然而，對承認死後有生命的人而言，這一生的成就的確就是生命的終極意義。不過，這樣的意義不只是這一生而已，它還會影響到下

一世，使這樣的意義超越了現世的侷限。不僅如此，有的人更把這一世的意義延伸到永恆的境地，認為生命的成就雖然只在這一生發生，但它的作用遠遠超出這一生，甚至影響到下一世，以至於最終永恆的生命。如果從這一點來看，那麼生命的終極意義就可以從現世延伸到永恆。

 ## 第三節　生命終極意義的選擇

在了解生命的終極意義以後，終於到了終極意義選擇的部分。對人而言，這個意義的選擇很重要，因為，它為我們的生命指出一條路：到底生命是有限的還是可以無限的？如果只是有限的，那麼生命就不會有死後的存在，唯一有的就是現世的存在。如果生命是無限的，那麼在死後生命就有可能繼續存在，只是這種存在有兩種可能，一種是進入輪迴，一種是進入永恆。不管是什麼，這都是我們對生命終極意義選擇的結果。對此，我們只能自我負責，全然不能用任何藉口逃脫。因為，根本就無處可逃。

那麼，要怎麼選擇才好？由於我們都沒有經驗，也不知道選擇的結果會怎麼樣，所以只好藉由理性分析來思考，看哪一種選擇會比較合理？雖說如此，我們也不能只是做客觀分析，還要考慮自己主體的需要。因為，縱使真的選擇一條很圓滿的路，但受限於自己目前條件的不夠具足，這樣的選擇不但不能成就我們，反而會讓我們陷入成就不了的挫折當中。就這一點而言，這就是一種不恰當的選擇。

如果要做比較恰當的選擇，那麼就要考慮主觀的條件是什麼？適合用哪一種來成就自己？只要條件相合，就算選擇的境界不是那麼高，對生命的成就沒有那麼圓滿，它還是一種合適的選擇，那麼達成目標就比較容易，也比較容易順利地成就自己，而不會帶來過多無謂

的困擾。對我們而言，這才是相應的選擇，也才有機會好好地成就自己。

　　既然如此，那麼有什麼可以選擇的呢？首先來探討現世意義就是終極意義的說法。就這種意義而言，現世的一切都可以成為終極意義的內容。因為，只要他願意把整個一生看成是一個整體，那麼在日常生活當中就可以開始做選擇，看他這一生要往哪個方向發展。無論他發展的是什麼，當這一生終了時，就可以知道這種選擇是否如他所願，有沒有確實地實踐？有的話，他就會覺得這一生沒有白活。如果沒有，那麼他可能就會後悔，覺得這一生要不就不值得，要不就白過了。

　　當然，我們並不是說人的一生只能選擇一次，而是可以有許多次的選擇。只是在做選擇時要注意有沒有整體的意義？如果有，這樣的選擇就是終極的選擇。如果沒有，那麼就是一般的選擇，與終極意義無關，不會影響到臨終的狀態。因此，關鍵不在於我們選擇幾次，而在於選擇的時候有沒有整體的意識，把這一生看成是一個整體。只要我們這樣做了，那麼選出來的意義就是終極的意義。

　　話雖如此，選擇的結果會怎麼樣？從表面來看，它具有安頓臨終心情的效果，使我們可以在臨終時覺得比較好。問題是，這樣的安頓有沒有問題？如果沒有，那這樣的安頓對於我們而言就夠了。如果有，那我們可能就有重新思考的必要，畢竟這一生的生命只有一次實踐的機會，如果錯了就很麻煩，因為，在這一世是已經沒有補救的機會。就算有下一世，下一世也不一定就有補救的機會。所以，我們需要更深入更完整的思考，否則，一旦出現問題，就會後悔莫及。

　　我們再來看死後還有生命繼續存在的說法。這可以有兩種不同的說法。就第一種而言，人死後的生命是可以繼續存在的，只是這樣的存在並不是最終圓滿的存在，而是一種過渡階段。雖然在理論上這樣的存在最終應該可以達到圓滿的境地，可惜的是，目前的條件不夠具

足，只好繼續輪迴，從這一世到下一世。雖然如此，我們還是有機會可以讓這樣的投胎轉世變得更好一些。

那要怎麼做才有可能？對有的人來說，要做到這一點就要盡量累積善業，未來臨終時就會有善報出現，死後投胎轉世就會到比較好的下一世。如果這一生所造的惡業要大於善業，那麼在惡報的影響下也只能到比較不好的下一世。由此可見，無論當事人有沒有整體意識，他生前的所做所為都會成為決定他下一世去到何處的原因。

如果真是這樣，那要有整體意識還是沒有整體意識好呢？從結果來看，當然是有整體意識比較好。因為，我們在一生的作為當中就會注意到這個問題，知道日常的所做所為均會受到果報的影響，當死亡來臨時，不只會影響我們臨終的狀態，還會影響我們死後投胎轉世的去處。既然如此，我們最好有整體意識的存在，同時特別注意日常生活的所做所為，避免造過多的惡業。

不過，只有在善行惡業的製造與果報過程當中輪迴也不是辦法。因為，無論在輪迴當中造了多少的善業，這樣的輪迴還是不會終止的。之所以如此，是因為我們會一直陷溺在造業與果報這樣的執念當中，我們並不會覺察有什麼不對，相反地，還會理所當然地認為這樣的執念是正確的。問題是，今天我們之所以輪迴不斷，就是受到這種執念的影響。如果沒有辦法超越這種執念，那麼永世輪迴就是我們的宿命。倘若不想這樣，希望可以從輪迴當中解脫，那我們可以怎麼做呢？

有個很簡單的答案，就是放下執念。但真要放下執念，哪有這麼簡單？就是因為執念不易放下，我們才會無法擺脫輪迴的控制，否則在無執念的影響下，自然就可以輕易地超越輪迴。所以，關鍵就在於如何放下執念，不要讓執念再影響我們。那要怎麼做呢？重要的是，我們不能存著錯誤的想法，就是不想再有造作的念頭。對我們而言，只要活著一天，活著一時，活著一刻，分分秒秒當中我們都在造業，

要不造業根本就不可能。

如果真是這樣，那我們怎麼可能超越執念，放下執念？其實，並非不可能！只是在超越與放下的過程當中必須先觀空，也就是了解所謂的執念，它並沒有不變的本性。它之所以成為執念，不是因為它本身不變，而是因為自己的執著而誤以為它不變，只要徹底了悟它的空性，那麼執念也就不再是執念，就有機會從執念中超越出來，慢慢地，輪迴也就不再是輪迴，我們就有解脫的機會。到達了這樣的解脫境界，我們就不會再有所執著，一定要常駐涅槃，還是常駐人間。要知，涅槃與人間本就無分，一切唯心所現。心若執著，一念就是人間，就是煩惱；心念若是不執著，一念就是涅槃，就是解脫。

9 生命教育的教學方法

第一節　談論教學方法的目的

　　最初接觸這一章的標題時，心中可能會存著一個疑問，就是爲什麼要談教學的方法，不是所有的教學都一樣嗎？難道不同的課程就一定要用不同的教學方法？這樣做會不會讓整個教學變得太嚇人，以至於影響我們教學的意願？因爲，只要教一門課程，就要學一些專門屬於這門課程的方法。那麼，如果要教的課程很多，那不就有學不完的教學方法？對於已經十分繁忙的我們，這樣的壓力也未免太大了一些。

　　如果只從表面來看，這樣的壓力確實很大。可是，我們談的重點眞的就在這裡嗎？我們之所以要談教學方法，只是爲了表示我們所教的生命教育眞的很特別嗎？還是說，這樣的談論其實目的不在這裡而在其他？對於這個問題，有待我們進一步解答。如果所提供的解答不夠合理，那麼這個問題的提出到底是一種擾民的作爲？還是一種合適的作爲？

　　對我們而言，這樣的作爲並不是一種擾民的作爲，而是一種合適的作爲。那麼，這種判斷的合理依據是什麼？首先，我們從學習對象說起。生命教育和一般課程不一樣，一般課程的學習對象是固定的。例如專科學校的課程對象就是專科生，一般可以分成一到三年級和四到五年級兩個階段，但這些學生的抽象學習能力基本上是差不多的。所以，如果使用同一種教學方法，對學習對象來說其實也不會有太大的問題。

　　可是，生命教育的課程就不一樣，它有很大的差別。例如它的學習對象可以小到幼稚園，可以大到大學生，甚至於社會人士。也就是說，生命教育的對象是有很大年齡差別的，有的幾乎不太有抽象能

力，有的則十分成熟。在教學時，面對不同年齡層的學習對象，就得用不同的方法，否則，在面對不具有抽象能力的幼稚園學生時，用十分抽象的方法就不恰當。同樣地，面對深具抽象能力的大學生，卻用十分具體的方法，也是非常不恰當的。因此，如何針對不同的學習對象使用相應的方法，就成為我們需要考慮的問題，使得我們不得不談論教學方法。

其次，生命教育和一般課程在特質上也不太一樣。對一般課程而言，它的主要特質不是傳遞知識就是傳遞技能。如果它所傳遞的是知識，那麼使用抽象的方法就沒有問題；如果傳遞的是技能，那麼只用抽象的方法就很不夠。因為，技能是要能操作的，和知識只要求理解不一樣。在這種情況下，除了抽象的方法以外，還要有一些具體的方法，例如實務操作的練習。如果實務操作缺乏練習，那麼就算講解得再清楚，也無助於實務能力的培養，更遑論技術的熟練。

至於生命教育的特質就不一樣，它雖然和知識的傳遞有關，但更重要的是，它和生命本身的成長有關。對於知識的部分，我們一樣可以使用抽象的方法。對象如果只是小學生或幼稚園，那麼方法太過抽象可能就比較不適用。因為，他們在抽象能力的成熟度上還不太成熟，這時如果勉強使用，就很難讓他們理解。與其做白工，倒不如做些比較相應的事，也就是用比較具體的方法，例如繪本之類的教材，讓學生在說故事當中懂得生命教育所要傳遞的訊息。這麼一來，生命教育教學才能產生一些成長生命的效用。

不過，此處的意思並不是說對於抽象能力夠成熟的學習對象就可以只用抽象的方法，因為，如果只用抽象的方法，那麼學習對象雖然具有相關的生命知識，卻不表示他們就會把這些知識用在自己的生命當中，成為成長自己生命的資糧。如果希望他們能夠做到這一點，那麼就必須在抽象的方法以外再尋找其他的方法。唯有如此，在其他相應方法的協助下，學習對象才有可能讓自己的生命獲得成長的機會。

　　那這些相應的方法是什麼？我們可以舉出許多方法。底下我們還會做進一步的討論，在這裡我們只是舉例說明。例如一般專科學校教授生命教育課程，為了讓學生對於一些與生命有關的事情能夠產生真實感，我們就會採取體驗教學的方法，讓學生親自去體驗。一旦經過那樣的體驗過程，這時與這些有關的生命事情就會變得比較真實，而不只是客觀呈現，好像與他們自己的生命無關似的。所以，對於這樣的教學需求，我們就會採取體驗的做法讓學習對象產生實際的感受，彷彿他們真的體會過了。

　　經過上述的討論就會知道，生命教育的課程教學為什麼要討論有關教學的方法？如果不討論，只用習以為常的方式去教，那麼最終教學的結果就不會有太大的效果。可是，對我們而言，教學的目的就是希望學生有收穫。現在，因為使用方法的問題，使得整個教學成果不彰，不就太可惜了嗎？因此，為了避免出現這樣的情形，也為了讓自己在教學上更有成就感，需要在生命教育課程上了解教學方法的相應與否。

　　最後，我們從教學者本身來說。一般課程中，教學者只要按照教科書上所說的去教就可以，至於在教科書以外要不要補充更多的材料，那就要看教學者本身的需求。如果認為教學者在教學上必須對學生負更多的責任，讓學生可以多懂一點，那麼他就會在教科書以外補充更多的材料。如果只是認為把現有的教材教好就夠了，那麼他就不會在教科書以外補充更多的材料。就這一點而言，要教給學生什麼是由教學者本身決定的。

　　當然，如果只採納教科書的內容來教，這樣的結果對知識的成長並沒有太大的幫助。如果勉強要說有幫助，也應該不會太大。如果實質的幫助要大一點，通常就是教授新的課程。由於新的課程我們還沒有教過，其中的內容也不熟悉，這時來教當然對我們比較有幫助，也容易讓自己的知識成長。

　　不過，這樣的機會畢竟還是比較少的，大多數的教學者如果教學環境是穩定的，那麼終其一生所教授的可能就是那幾門課，要獲得成長經驗自然就會變得比較困難。然而，生命教育課程過去一般教學者比較少有機會接觸，所以剛接觸這們課程就比較容易獲得知識成長的效果。但是，這樣的效果對生命教育本身並不是重點，如果勉強要說，那也只是次要的，因為生命教育的最大目的不是為了獲得與生命有關的知識，而是為了生命的成長。對教學者而言，他必須清楚生命教育的真正目的，否則教了半天，對自己生命的成長一點幫助都沒有，這樣就太可惜了。

　　不僅如此，由於教學者自己的生命並沒有在生命教育課程的準備中成長，所以他很難深入教材當中讓自己感同身受，在這種情況下，他就會把它當成一種知識來教，結果也是無法讓學生感同身受，產生共鳴。這時，整個生命教育課程就變成一種知識傳遞的工具，失去它原本想讓所有接觸者生命都能成長的初衷。

 ## 第二節　生命教育的各種教學方法

　　從上述的探討，我們已經清楚知道生命教育的目的是什麼，那麼我們就可以根據生命教育的目的尋找相應的教學方法。對生命教育而言，與之相應的教學方法有哪些？根據探討已知方法有很多，其中有許多和一般教學方法並沒有太大的差異性。既然如此，我們是否只要從這些教學方法著手就好了，實在沒有必要再尋找新的教學方法？

　　其實，教學方法新不新可能會有一些效用上的差異，但這並不是最主要的問題。對我們而言，主要的問題在於教學者是否可以考量學習對象的個別狀況，好讓他們在學習的過程當中受益？如果考量清楚，知道對象的學習狀況為何，那麼要找出相應的學習方法就會比

較容易。同時，我們也會比較清楚應當如何調整相關的教學方法，使之更能相應學習對象的需求，如此一來，學習效果當然就會加倍地成長。

現在我們從一般的教學方法開始探討。一般而言，最常用來傳遞知識的教學方法就是透過個人的講授，主要目的在於知識的傳遞。不過，不要認為傳遞的只是一般的知識，它也可以是一種啓發，其關鍵在於學習對象本身是否有類似的知識或經驗？如果有，那麼在學習過程中就有機會觸動它，因而產生啓發的效果。如果沒有，那麼在學習過程中就不會被觸動，自然也不會產生啓發的效果。

由此可知，即使最普通的個人講授方法，也不見得就不會產生效果，只是要看機運了。如果學習對象有這樣的背景，而我們所講授的內容也剛好與這樣的背景相應，那麼這時要產生啓發的效果就會比較容易。相反地，學習對象有這樣的背景，而講授的內容卻與之不相應，那麼要藉由觸動產生啓發的效果自然就不容易，更不要說學習對象根本就沒有這樣的背景，就算我們相應地講授這樣的內容也不會有觸動的作用，更遑論啓發的效果。所以，教學者與學習對象之間有時是需要一些運氣的。

話雖如此，教學時還是有一些技巧的。例如在教學過程中善用比喻，使用一些大家比較容易有的生活經驗，由於大家都有類似的背景，當教學者在舉例的時候，要藉由觸動而產生啓發作用就會比較容易。如果只是舉一些大家不熟悉的、與學習對象的經驗和知識不太有關聯的，那麼要藉由觸動產生啓發效用可能就會很困難。由此可知，方法雖然一樣，使用卻各有巧妙，就要看個人如何應用了。

除了一般的個人講授外，也可以利用想像力構成虛擬的狀態。例如一個人生來就是男人，很難體會媽媽生孩子的狀況，就算我們講給他聽，他也不見得可以了解和體會。因此，為了讓他可以了解和體會，我們就不用講的，而是讓他實際去做。比如他並不是純然空想，

而是讓他的肚子上負著重物，然後經由重物的負荷想像媽媽懷孕的辛苦，那這樣的想像就不是單純的想像，而是有感受的想像。

不過，這樣的教學方法雖然有優點，但也有缺點。因為，這樣的負荷重物只是一種負擔的體會，對媽媽而言，懷孕過程中體會的不只是負擔，還有孕育生命的喜悅。對於沒有這種感受的男生或女生，這樣的體會如果不完整，只是從負面的角度來解讀，那麼未來有需要的時候可能就會產生錯誤的反應。例如一個女生，她可能會認為這樣的懷孕是一種活受罪，實在沒有必要自找苦吃。而對男生來說，他自己雖然不會懷孕，但結婚以後他的太太卻可以懷孕。可是，受到這種體會的影響，他可能認為讓太太懷孕是一種不道德的行為，所以不應該做。

另外，還有一種透過參訪來體會的方式。對有的人而言，要他抽象地理解死亡是一件很困難的事，這是因為他沒有經驗，家人也沒有死亡的案例。對於這樣的人，他很難抽象地了解死亡。如果我們希望他能了解，那麼就必須具體一點。可是，死亡要怎麼具體傳達出來，其實並沒有那麼容易。這時，如果可以透過參觀殯儀館設施與設備的方式，那麼學習對象就可以在死亡的處理場所實際體會一下死亡，這時他就不會覺得死亡太抽象，像是在冷凍庫看到了遺體，在靈堂上看到家屬如何為亡者守靈，在禮廳當中看到亡者的告別式是如何辦理的，亡者的遺體在火化場是如何焚化的，經由這樣具體的處理過程，了解死亡到底是什麼。

雖然這種了解很具體，但嚴格來說卻是不清楚的。因為，學習對象只看到一連串的過程，並不知道這樣的過程到底代表什麼意義。如果我們希望學習對象可以了解得更清楚一點，那麼就不能只停留在參訪階段，有時教學者還會要求學習對象在參訪之後交心得，認為這樣的學習應當就會有成效，不會只是虛應故事而已。

那麼，這樣的想法有沒有問題？表面看來應當沒有問題。因為，

他們實際參訪了，也交了心得，這就表示他們實有所得。既然實有所得，那麼這樣的心得必然是實際感受與體會的反映。問題是，我們忘了參訪只是一種客觀的參與，參與者不能深入被參與的對象當中，而可能只是浮光掠影，就算他都參訪了，也不會有真實的意義，更不要說讓學習對象的生命有所成長，看來我們只有再另闢蹊徑了。

第三節　死亡體驗活動

　　問題是，我們真的可以找到這樣的教學方法嗎？過去，受到死亡禁忌的影響，連參訪都很困難，學習對象常在參訪之前都會詢問家長的意見，結果就是不方便參加。如果不是這樣，雖然跟著大家一起參訪，但到了殯儀館以後就自動留在服務中心或在參訪地點的外面，不敢進入參訪的地方。現在，隨著死亡禁忌的逐漸打破，一般人慢慢可以接受這樣的參訪教學方式，所以，在參訪殯儀館的設施與設備時，學習對象比較不會抗拒，也比較容易進入。但是，正如上一節所說的，這樣的教學方法是有問題的。因此，我們要找到什麼樣的教學方法才能滿足體驗的要求。

　　死亡體驗活動就是這樣的教學方法。這和上述的教學方法有什麼不同？如果沒有不同，那這樣的教學方法其效用也無法超越上述的方法。如果有不同，那麼不同的地方在哪裡？是否真的可以產生不同的效用？對此，需要做進一步的說明，我們才能清楚了解這種新的教學方法它的效用在哪裡？

　　就我們所知，這種教學方法是模擬主要的殯葬處理過程。為什麼要採用這樣的方式？這是因為如果要真實地體驗死亡，那麼就只有真的死一次才會清楚。可是，真的死亡只有一次，一旦兌現了就不可能回來。對教學者而言，教學的目的不是為了讓學習對象學習完成之後

不會回來，因此在教學設計上就不能讓學習對象真的死亡，而只能讓他模擬。

　　模擬的方式有兩種：一種就是參訪，這是客觀的模擬；一種是死亡體驗活動，這是主體的參與。就第一種方式而言，這種參訪方式可以讓參與者抽離自己，甚至於只從表面略過，它沒有辦法讓參與者感同身受，甚至於真的深入死亡。所以，我們才會說這種教學方法是不夠的。如果希望學習對象真的深入死亡，從死亡當中獲得生命的成長，那麼就必須另尋出路，從其他的教學方法著手。由此，我們才設計出死亡體驗的活動。

　　那麼，這樣的死亡體驗活動要怎麼設計？首先，要讓學習對象面對死亡，而不是對死亡抱持著逃避的態度。那要怎麼做才能做到這一點？書寫遺囑就是其中一個做法。為什麼？理由是，一般人在正常情況下是不會撰寫或交代遺囑的，當他開始撰寫或交代遺囑時，就表示他即將死亡。既然撰寫或交代遺囑的時機是在即將死亡之前，那麼在死亡體驗活動的設計上，為了能產生這樣的效果，就要讓學習對象覺得他即將死亡，開始面對死亡。

　　其次，為了讓他面對死亡，進而體會死亡，於是有了穿壽衣的安排。這樣的安排有什麼作用呢？對一般人而言，什麼人才會穿壽衣？只有一種人，就是死人。如果人沒有死，一般是不會穿壽衣的。我們在死亡體驗活動中安排了穿壽衣的作為，就是逼迫學習對象把自己當成亡者，不要妄想自己沒有死亡，所以在穿壽衣的時候，許多參與者就會開始感覺到自己似乎真的死了，不再心存僥倖，以為死亡是可以逃避的。

　　再者，只有穿壽衣還不夠，畢竟這樣的作為還不夠真實。為了更加強化學習對象的真實感，便有了躺棺材的活動設計，讓學習對象體會死亡以後封棺的真實感。這時，萬籟俱寂，學習對象似乎已經離開人間，不再與人間有關，使學習對象真實感受到這就是死亡。因為，

如果沒有死，就不會有封棺的作爲。既然封棺了，學習對象也躺在裡面，這就表示他確實已經死了。經由這樣的仿眞作爲，學習對象眞的感受到深深的衝擊，不再認爲死亡只是一種模擬。

最後，透過告別式的舉行，讓學習對象更進一步想像自己眞的死了。就是這樣，死亡體驗活動一步一步地把學習對象引導到死亡的境地，讓學習對象活生生地經歷一場死亡大戲，讓學習對象對死亡有眞切的體會與感受。經過這樣的過程，使學習對象清楚了解死亡就是這麼一回事，無論他願不願意，一旦進入死亡的境地，一切就由不了他。

本來，有關死亡體驗的部分就安排到這裡，但我們的目的不是辦理喪事，而是教學的需要，所以在體驗活動進行完畢後，還有體驗心得分享與心理調適的部分。因爲，如果沒有透過心得分享，那麼這樣的體驗結果到底有沒有達到教學的要求，其實很難客觀判斷。更重要的是，在這樣的體驗過程中，學習對象到底生命有無成長，是我們急須知道的事情。如果有，那就表示體驗活動成功。如果沒有，就表示體驗活動有問題，需要做進一步的檢討，看問題到底出在哪裡。

此外，體驗活動不一定都能順利進行，在進行之後也不一定沒有任何的後遺症。由於這是一個教學活動，所以在體驗完畢之後就要看學習對象有沒有問題發生。如果沒有，當然是最好的。但是，受到死亡禁忌的影響，這樣的活動或多或少總有一些後遺症，我們是不能置之不理的。尤其我們身爲教學者更要負起這樣的責任，讓學習對象在學習之後不會有任何問題發生。所以，在體驗之後，我們要進一步了解學習對象的身心狀態有沒有調整的必要？如果沒有必要，那就表示沒有問題。如果有，那就表示學習對象需要做進一步的調適，我們必須進一步協助他們。

參考文獻

一、專書

尉遲淦著，《殯葬臨終關懷》（新北市：威仕曼文化事業股份有限公司，2009年11月）。

尉遲淦著，《生命倫理（2版）》（臺北市：華都文化事業有限公司，2017年1月）。

尉遲淦著，《殯葬生死觀》（新北市：揚智文化事業股份有限公司，2017年3月）。

鈕則誠著，《生命教育——倫理與科學》（新北市：揚智文化事業股份有限公司，2004年2月）。

鈕則誠著，《生命教育概論——華人應用哲學取向》（新北市：揚智文化事業股份有限公司，2004年12月）。

鈕則誠著，《生命的學問——反思兩岸生命教育與教育哲學》（新北市：揚智文化事業股份有限公司，2010年9月）。

鄭志明、尉遲淦著，《殯葬倫理與宗教》（新北市：國立空中大學，2008年8月）。

二、期刊論文

尉遲淦撰，〈從生死管理的角度看生命教育〉，全人教育學術研討會（高雄市：文藻外語學院，2001年10月）。

尉遲淦撰，〈災難‧宗教與生命教育〉，《新世紀宗教研究》第一卷第二期（臺北市：財團法人世界宗教博物館發展基金會附設出版社，2002年12月）。

尉遲淦撰，〈生命教育課程規劃〉，人文價值與生命關懷通識課程實施研討會（高雄市：樹德科技大學，2003年6月）。

尉遲淦撰，〈預立遺囑應有的內涵——從輔英科技大學生死學課程遺囑書

寫談起〉，《輔英通識教育年刊》第二集（高雄市：輔英科技大學，
2003年7月）。

尉遲淦撰，〈生命教育與殯葬〉，第三屆海峽兩岸大學生命教育高峰論壇
（杭州：浙江傳媒學院、中陶會生命教育專業委員會，2014年9月）。

尉遲淦撰，〈生命教育的意義與殯葬課題的出現〉，103年度提升生命關懷
職能研討會（苗栗後龍：仁德醫護管理專科學校，2014年11月）。

三、網路資料
教育部生命教育全球資訊網

附　錄

附錄一　從生死管理的角度看生命教育

一、前言

　　生命教育自省教育廳（民國102年改為「教育部國民及學前教育署」）推動至今，已經邁入第五個年頭。在這四年多的時間當中，雖然有不少的學者曾經想要對生命教育做一個較為明確較能為大家所接受的定義，但是這樣的努力並沒有終止相關的爭論，反而凸顯大家對於生命教育認知與偏重角度的不同。上述的努力之所以產生這樣的結果，主要的原因在於大家都希望能夠說服別人設法形成基本的共識。問題是，對於生命教育認知與偏重點的形成，並不是個人根據自己主觀意識憑空杜撰出來的，而是根據生命教育所要解決的問題所提出來的。因此，如果我們真的想要對生命教育設法找出可能的共識，解決之道就是回歸形成生命教育的問題本身，由問題本身來決定生命教育究竟應當如何理解較為恰當。這種實用主義的態度雖然卑之無甚高論，不過卻是解決爭端的最佳法寶。因為，無論我們對於生命教育採取哪一種論點，最終決定這種論點是否有效的標準，則在於問題是否真的得到解決。

　　如果問題真的得到解決，我們便會認定這種論點是有效的。如果問題沒有獲得解決，即使這個論點表面看來真的很高明也是沒有用的。所以，以是否能夠解決生命教育問題作為評判有關生命教育論點是否充分正確的做法，應該是解決相關爭端的一個比較好的處理方式。

　　從這個判準出發，我們先了解當初生命教育提出的背景以及要解決的問題。根據鈕則誠（1999）的說法，生命教育的提出是與臺中女

中資優生廖曼君的自殺有關。當時的省議會在議會的質詢過程當中，就此一事件質疑省教育廳廳長陳英豪，希望他能提出具體辦法確實解決類似的問題。為了亡羊補牢，陳廳長允諾藉由生命教育的做法解決青少年自殺的問題。這種透過自殺防制引導青少年愛生惜福的想法，就是生命教育提出的當時背景。對於這種說法，我們也可以從當時省教育廳負責推動生命教育的劉源明演講稿得到證實。他在談到生命教育的重要性時說到：「現今的社會非常欠缺『尊重生命』的精神，人們普遍沒有發現生命存在的可貴與得之不易。在遇到挫折不如意時，就怨天尤人，自暴自棄，輕易地否定自己獨一無二的存在意義，於是在精神上或肉體上恣意地自我荼毒，自我傷害。這正是對自己生命的不尊重。甚或有些人不了解共榮共存的大愛，只求個人光采，為了追求私利，不擇手段，於是人與人之間相互嫉妒、怨恨，失去理智者甚而互相殘殺。如此一來，個人不能珍惜自己生命存在的可貴，社會又沒有尊重每一個生命對團體的貢獻，以致臺灣的人們覺得生活苦悶，心胸難以舒展。在傳播專精知識的大學殿堂裡，上演女學生情海生仇、橫刀奪愛的悲劇；在各地更有許多為賦新詞強說愁的青少年，輕易地結束自己的生命；而社會新聞版上，每日都有聳人聽聞的流血事件。我們擔當教育的重責大任，實在應好好地思考及檢討是否曾經告訴我們的學生：『生命是什麼？』『怎麼活才能活得漂亮？』這正是生命教育的重要性。」（劉源明，1998）

　　就上述這兩種說法來看，生命教育的提出，表面上雖然是與自殺防制有關，其實真正的關鍵不在於自殺防制上，而在於生命本身是否確實得到真正的尊重。因此，當省教育廳將整個生命教育的規劃重責大任交給臺中曉明女中負責時，曉明女中就根據這樣的認知，從倫理教育與全人教育的角度規劃生命教育的課程與內容。對於這一點，我們可以從「臺灣省國民中學推展生命教育實施計畫」中得到證實。在該計畫的緣起內容中，曾有如下的論述：「生命教育應透過全

校教職員工的參與，爲學生建立『全人教育』的學習環境，並藉由體驗活動、環境教育及潛在課程等教育環境，推動『倫理教育』，提升學生對生命意義的了解，培養學生對生命的尊重，加強人文素養，並注意心靈改革，以達成匡正人心疏離、道德淪喪、社會風氣敗壞等問題。」（陳芳玲，1998）所以，在上述認知的基礎上，孫效智（2000）才會有「眞正的生命教育應從家庭、學校、社會各方面著手，幫助青少年從小開始探索與認識生命的意義，尊重與珍惜生命的價值，熱愛並發展每個人獨特的生命，並將自己的生命與天地人之間建立美好的共融共在關係」說法的提出。

　　現在，我們的問題是，從生命教育提出的背景來看，自殺問題的解決才是整個生命教育的重心所在；但是從生命教育的實際規劃與推動來看，生命問題的解決才是整個生命教育的重心所在；當然，沒有人會否認自殺問題也是屬於生命問題的一環，可是生命問題的解決就代表自殺問題的解決這種看法如果眞要成立，那麼生命問題就必須把死亡問題包括在內，否則就算生命問題得到解決，自殺問題依舊無解。此外，即使死亡問題包含在生命問題當中，也不代表自殺問題就得到眞正的解決。因爲，這還牽涉到我們對於生命與死亡關係的認定。這就是爲什麼雖然孫效智（2000）曾經那麼努力的澄清生命教育不僅是自殺防制，也不僅是死亡教育或生死教育，但是依舊有那麼多的學者一直想要把生命教育往生死教育的方向拉（陳芳玲，1998；鈕則誠，1999；尉遲淦，1999；張淑美，2001）。由此可知，對於生命教育究竟應如何理解的問題，關鍵不在生命是否與死亡有關的問題上，而在生命與死亡的關聯應如何理解的問題上。

　　唯有在正確理解生命與死亡的關係上，我們才知道如何去安排自己的生死，也才知道如何管理自己的生死，讓生命教育產生實質的功效。以下，我們先從全人教育與倫理教育角度下的生命教育開始反省生命與死亡的關聯性；其次，我們再從死亡教育或生死教育角度下的

生命教育反省生命與死亡的關聯性；最後，我們再從生死管理角度下的生命教育反省生命與死亡的關聯性。

二、全人教育與倫理教育角度下的生命教育

　　全人教育與倫理教育角度下的生命教育是國內生命教育推動的第一種模式。這種模式是由臺中曉明女中所提出的。曉明女中之所以提出這個模式是因為該校原先就有所謂的倫理教育。在省教育廳的委託下，該校就將生命教育與原先既有的倫理教育結合起來。透過這種結合，有關自殺防制的問題就變成生命意義建立的問題。因為，從倫理的角度而言，自殺問題的產生主要原因不是來自自殺本身，而是來自生命本身。其實，自殺只是生命無法按照社會既有軌道運作所產生的問題，並不是一個獨立於生命之外的處理方式。因此，如果我們將處理的重點直接放在自殺防制上面，結果不單沒有辦法積極主動地解決自殺問題，反而會因著過度強調自殺的問題產生更多的困擾。所以，我們如果真的想要解決自殺的問題，不僅要從倫理的角度讓生命回歸到倫理的常軌上，更要讓生命從全人的角度深入到哲學宗教的層面，確立生命本身正面完整的意義，如此做才是解決自殺問題的釜底抽薪辦法。正如孫效智（2000）所說的那樣：「在當前的討論中，不少人把『生命教育』與『自殺防制』畫等號，一想到生命教育便聯想到『自殺防制』的問題。這個聯想的背景並不難理解，因為每當社會上有青少年自殺，就會有人出來呼籲生命教育的重要。然而，從周延原則的觀點來看，生命教育不該等於自殺防制，否則內涵就太過狹窄。更何況，前文已指出，自殺防制要做得徹底，就不能以一種事後補救、亡羊補牢的方式進行，而必須從根本的防患未然處著手。根本的防患未然包含了深刻人生觀的建立以及互愛互助社會的形成。生命教育應在這些根本問題上用力，而不該只是消極的自殺防制而已。」

　　在確立生命教育的基本問題是生命本身的問題之後，我們進一步要了解何種作為才能解決青少年生命本身的問題。根據孫效智（2000）的說法，「啓發生命智慧，深化價值反省，整合知情意行」就是解決青少年生命問題的適切作為。此一作為包含的範圍「應籠罩人生整體及其全部歷程，以幫助學生建立完整的人生觀與價值觀，並內化陶冶其人格情操」。透過這樣生命教育目標的認定，生命教育的內涵在學理上應涵蓋「(一)人生與宗教哲學、(二)基本與應用倫理學以及(三)人格統整與情緒教育三個領域」（孫效智，2000）。其具體內容如下：「(一)深化人生觀，屬於人生哲學與宗教教育的領域──生命意義、目標與理想的探問。這部分的課題可以稱之為終極關懷的課題（ultimate concern）。學校教育不但應眞正落實『智德體群美』，而且這裡的『智』也不該只是智識技能的『知』，更該是深刻的生命智慧。教育整體的目標也不該只是幫助孩子將來找到一份工作或職業，更該教導他們體悟人生的意義，追求人生的理想，並勾勒自己的生命願景。──生死教育、死亡教育、安寧照顧與臨終關懷。生死是一體的兩面，生死意義是互相發明的。人如果不能生而無悔，就不可能死而無憾；同樣的，人若不能安頓與超越死亡的陰霾，也很難確立生命的意義。(二)內化價值觀，屬於倫理學與倫理思想教育的範疇──培養成熟的道德思維與判斷。──融合道德哲學深度的倫理思想教育，才能眞正說理而不說教，並培養孩子愼思明辨的『擇善』能力。──多元價值觀的培養，從不同角度理解同一道德課題的能力。──熟悉『基本倫理學』的思考方法以及『應用倫理學』的不同課題，例如生命倫理、兩性倫理、職場倫理、家庭與校園倫理，以及社會與政治倫理等。(三)知情意行整合，屬於倫理（生活）教育、品德教育、情緒教育與人格統整等領域──幫助學生將在知性上已內化的價值理念統整於人格之中（誠於中），並在實踐抉擇上生活出來（形於外）。──提升學生的情緒智商、交談傾聽能力以及同理心。」（孫效智，

2000）

　　根據上述生命教育目標與範圍內容的認定，錢永鎮（2000）將國一到高三的六年一貫生命教育課程規劃成下述十二個單元：(一)欣賞生命。(二)做我真好。(三)生於憂患（面對無常）。(四)應變與生存（從處常到處變）。(五)敬業樂業（在工作中完成生命）。(六)信仰與人生（無限向上的生命）。(七)良心的培養。(八)人活在關係中（活出全方位的生命）。(九)思考是智慧的開端（意識生命的盲點）。(十)生死尊嚴（活得充實，死得尊嚴）。(十一)社會關懷與社會正義（調和小生命與大生命）。(十二)全球倫理與宗教（存異求同，建構立體的生命）。每個單元的詳細內容如下：(一)欣賞生命：1.幫助學生認識生命，進而欣賞生命的豐富與可貴。2.協助學生如何珍惜生命與尊重生命。3.愛心經營生命及思考生命方向。(二)做我真好：1.幫助學生明白自己的獨特性，努力去做自己。2.引導學生努力從各方面找出自己的真實自我。3.鼓勵學生開發潛能，從而建立自尊與自信。(三)生於憂患：1.引導學生接受痛苦與困難是生命的一部分，且了解對人是有意義的。2.幫助學生明白天災、人禍是可以避免及預防的。3.協助學生運用積極的方法去面對痛苦與失落。(四)應變與生存：1.幫助學生分辨變與不變的道理，也能藉變遷而成長。2.介紹生存教育的內容，提高學生的生活品質。3.教育學生珍惜生存環境，實踐保護地球守則。(五)敬業樂業：1.幫助學生在工作生活中獲得意義，使生命得到成長和圓滿的發展。2.協助學生明白敬業、樂業的重要，並能謹慎擇業。3.引導學生建立工作神聖的觀念，並簡介專業倫理的概念。(六)信仰與人生：1.引導學生思考信仰與人生的問題，藉此促使德性的成長。2.協助學生辨別信仰與迷信，及認識各大宗教信仰。3.幫助學生從信仰角度認識死亡，進而釐清自己的人生方向，訂定自己的終極關懷。(七)良心的培養：1.協助學生明白良心是人的特質之一，並清楚良心的來源。2.幫助學生認識良心的獨立性與良心的功用。3.教導學生如何培養正確的良心及

自省的方法。(八)人活在關係中：1.教育學生認識人類存在的幾種基本關係。2.幫助學生明白群我關係的重要，並重視人與自然界的關係。3.讓學生知道要活得好，活得有意義，必須與人群和環境維持良好的關係。(九)思考是智慧的開端：1.教導學生躲避思考謬誤的陷阱，學習正確的思考。2.幫助學生懂得運用倫理中的推理與求證，避免常犯的錯誤。3.明白知識技巧與倫理的關係，並對倫理要素與倫理行為指南有所認識。(十)生死尊嚴：1.教育學生知道死亡的定義，明白器官移植手術與安樂死的爭議。2.引導學生探討自殺、墮胎與死刑的議題，進而澄清自己的生命觀。3.決定自己的人生價值觀，並學習充實生命內涵的方法。(十一)社會關懷與社會正義：1.引導學生思考小我與大我的關係，並能以「彼此獲益」的原則來面對兩者的衝突。2.協助學生找出社會關懷途徑，並能具體擬訂行動計畫。3.幫助學生釐清社會正義的內涵，進而發揮人道精神，關心弱勢族群。(十二)全球倫理與宗教：1.引導學生從宗教亂象中了解人心的需求困頓，進而建立正確的信仰態度。2.協助學生認識全球倫理，並清楚全球倫理宣言的內容。3.幫助學生建立四海一家的觀念，能關心每一個地球人。

在詳細了解全人教育與倫理教育角度下的生命教育之後，我們進一步反省這樣的目標與課程內容設計是否能夠圓滿解決生命教育所要解決的問題。初步看來，生命教育的目標應包含「啟發生命智慧，深化價值反省及整合知情意行。換個方式來說，生命教育應幫助學生探索與認識生命的意義，尊重與珍惜生命的價值，熱愛並發展個人獨特的生命，實踐並活出天地人我共融共在的和諧關係」（孫效智，2000）。這樣的目標的確是針對生命本身的問題而提出的。但是，這樣的提出是否已經將生命問題本身的相關面向都照顧到了呢？因為，就生命教育所要解決的生命問題而言，其中包含兩個部分：一個是正面建立的問題，一個是負面經驗的問題。從上述的目標來看，較明顯可見的是正面建立問題的強調，而非負面經驗問題的強調。在此，如

果生命教育僅僅正面建立生命的意義，是否這樣的建立只是重複其他課程的工作，沒有其本身的價值？其實，這樣的問題並不存在。因為，在其他的課程當中，沒有一門課程是專門針對生命正面建立問題而設的。即使在某一課程當中，有些部分提到生命正面建立的問題，也只是潛在的提到，從來沒有一門課程像生命教育那樣自覺系統地討論生命正面建立的問題。然而，我們能不能因此就認為這樣的生命教育就夠了？答案是否定的。畢竟只有正面建立生命的意義，是無法全然解決生命本身的問題。生命本身還有負面經驗的部分，這也是我們在解決生命問題時應注意的部分。因此，我們在此不能由於上述目標沒有明顯提及負面經驗的部分，就認定此一目標完全忽略負面經驗的部分。關於此一目標是否完全忽略負面經驗的問題，我們必須進一步由課程內容的設計來決定。

接著，我們從課程內容設計來反省。根據課程設計的十二個單元內容來看，我們很難說上述的目標完全忽略了負面經驗的問題。就十二個單元的設計內容觀之，其中觸及負面經驗的單元有：(三)生於憂患（面對無常）、(四)應變與生存（從處常到處變）、(六)信仰與人生（無限向上的生命）、(九)思考是智慧的開端（意識生命的盲點）、(十)生死尊嚴（活得充實，死得尊嚴）、(十一)社會關懷與社會正義（調和小生命與大生命）、(十二)全球倫理與宗教（存異求同，建構立體的生命）。由此可見，此一課程設計的內容不但沒有忽略生命負面經驗的問題，還用一半以上的單元來處理此一問題，表示此一課程設計十分重視生命負面經驗的問題。那麼，我們能不能因此就斷言此一目標已經對生命的問題做了很完整的概括？其實，答案沒有表面上看的那麼容易。因為，課程設計的內容雖然在名稱與內容上有一大半都與生命負面經驗的問題有關，但是直接以化解自殺問題作為對象的單元就沒有那麼多。嚴格來說，直接有關的單元大概是：(三)生於憂患（面對無常）、(四)應變與生存（從處常到處變）、(六)信仰與人生

（無限向上的生命）、(十)生死尊嚴（活得充實，死得尊嚴）。在這四個單元當中，根據現在一般的理解，直接把自殺當作一個議題來討論的，也只有第十單元生死尊嚴的第二個單元重點。這樣做是不是代表全人教育與倫理教育角度下的生命教育刻意在稀釋自殺問題，讓自殺問題不再成為生命負面問題的唯一焦點？當然，這種做法也不是不可以。畢竟在目前還沒有辦法完全打破死亡禁忌之前，有時候稀釋問題的做法也是一種處理問題的方式。

尤其是現在有關死亡的問題不僅是自殺而已，還包括墮胎、安樂死等等其他的死亡問題，這些問題在一般的課程當中很少有機會談到，但是對青少年而言卻又是很重要的問題。因此，上述模式的生命教育能夠利用這個機會對與青少年有關的死亡問題做一種比較全面性的探討，是一種很值得肯定的事情。我們現在反省的重點是，就算上述的生命教育不得已不得不採用稀釋的做法，那麼在稀釋處理之餘，生命教育的其他配套做法是否能夠解決自殺的問題？根據上述的(三)生於憂患（面對無常）與(四)應變與生存（從處常到處變），我們了解一般生命負面經驗的意義與面對的方式。這樣的理解的確有助於化解自殺的問題，至少我們不會在遇到生命負面的經驗時就立刻以自殺作為解決問題的手段。但是，這樣的做法並不保證青少年不會以死亡作為解決問題的手段。因為，我們除了在自殺問題上做道德勸說並對負面經驗做正面剖析外，還需要對死亡本身做了解，否則無法真正化解自殺所帶來的死亡問題。關於這點，謝永齡（2000）在《青少年自殺──認識、預防及危機處理》一書中也表達了類似的看法，他說：「隨著對死亡與生命有更透徹的理解，兒童及青少年會逐漸學懂怎樣去應付死亡問題，因而他們便會減少用自殺行為來解決困難。死亡教育並不是助長悲觀主義，而是鼓勵每一個人更積極地面對人生，盡量令生命的每一天都充滿意義和滿足感。」既然化解自殺的問題也需要討論到死亡意義的問題，那麼上述的生命教育是否有處理這個問題

呢？從上述(十)生死尊嚴（活得充實，死得尊嚴）的教師手冊中可知，其中的死亡意義和解開心中的「死結」兩部分都是在處理死亡意義的問題。此外，在(六)信仰與人生（無限向上的生命）的教師手冊中，其中活出生命的美好部分在第一節也提到了「死亡不是生命的終結」的看法。由此可知，上述的生命教育不是沒有處理死亡意義的問題。但是，這種處理方式足以解決死亡意義的問題嗎？根據上述所提的內容，我們知道這種處理死亡意義的方式，並沒有將死亡意義當成是一個需要緊扣自殺問題來做系統處理的問題，也沒有進一步剖析生死一體的看法。結果讓青少年無法從上述的討論中對死亡與自殺的關係有詳細完整的了解，也無法從上述的討論中真正認識生死一體的意義。有的只是認識到「死亡在人生每個階段的心理影響」、「如何幫助所愛的人走完人生旅程」、「追尋生命意義，從而得到心靈的安寧」、「可以由宗教或哲學思想中尋求解答」，以及「死亡不是生命的終結」等看法。這種對於真正關係到生命與死亡關係的生死一體意義釐清的缺乏，讓整個生命教育無法真正從負面經驗本身來看出負面經驗的正面價值，而只能從正面經驗來看出負面經驗對正面經驗的助益。因為，只有真正釐清生命與死亡的關係，看出生死一體的真正意義，才能不戴現有價值判斷的有色眼鏡客觀正視生命的正面經驗與負面經驗，使得正面經驗與負面經驗各自凸顯各自的價值而不會受到扭曲。因此，我們有必要借助死亡教育或生死教育角度下的生命教育來彌補上述生命教育的不足，讓整個生命教育能夠更完整有效的解決自殺問題與生命問題。

三、死亡教育或生死教育角度下的生命教育

死亡教育或生死教育角度下的生命教育模式是國內第二種生命教育的模式，與第一種模式不同。後者是由臺灣省教育廳委託臺中

曉明女中制訂出來的,制訂過程中主要有臺大、輔大及香港有關哲學、心理輔導與宗教方面的教授參與,採取倫理教育與全人教育的角度;前者則由高雄市政府教育局委託高雄市三民家商制訂,制訂過程中主要有高師大、中山及成大有關生死學、安寧照護、失落與悲傷、死亡教育等方面的學者參與,採取死亡教育或生死教育的角度(張淑美,2001)。雖然這兩種模式切入的角度不太一樣,後者從生命的角度切入,前者從死亡的角度切入,但這兩者提出的背景其實都差不多。正如張淑美(2001)所說的:「至於『生命教育』呢?是約在民國86、87年左右,因多起校園死亡事件,引起前教育廳長陳英豪博士的關心,認為應由教育著手,教導學生認識生命、愛惜生命、尊重生命、關懷生命等,以掌握生命的意義與價值,乃委由臺中曉明女中以其實施多年有成的『倫理教育』為基礎開展『國中、高中(職)六年一貫生命教育』課程等,並訂定實施計畫,培養種子師資。而也約在同時,高雄市前教育局局長羅文基博士也是在相同背景下,邀集學者,國小、國中、高中職校長、主任、老師等編印『生死教育』。」也可印證於高雄市高中職《生死教育手冊》的市長序:「爾來青少年事件頻傳,顯示許多新一代年輕人,對於生活充滿迷思,對生命欠缺負責,致無法適應現階段人群社會。為提供學生適當教材,規劃新興課程,辦理教師研習,廣布教育理念,以因應社會變遷對青少年造成之衝擊,《生死教育手冊》即在此背景下應運而生。」(三民家商,1998)既然這兩種模式產生的背景差不多,當然所面對的問題應該也差不多,兩者大體上都是以生命問題的處理為核心。就像張淑美(2001)所說的那樣:「『生命教育』可說是國內教育當局推動的政策方針,其內涵與教材等也都圍繞『生命』為核心來開展,因而範圍與涉及的領域也更為廣泛,生死尊嚴同時成了其中一部分。生命教育的宗旨應是教育工作正確的方向,也是責無旁貸的。雖然死亡是生命的發展過程也是終結,但直接談死似乎太嚴重,社會大眾尤其是學校

教育界更不敢輕易談死。因而，生命教育就帶來較振奮人心的力量，也可以從各種不同領域來探討生命，發揮生命的價值。筆者所沿承探討的『生命教育』仍較直接關注從死亡相關議題討論『從死論生，反思生命』的教育，『生死一體兩面』，從死談生也是直接環扣『生命』終極核心的『生命教育』。所以無論是『死亡教育』抑或『生死教育』，不就是『生命教育』的一個重要可行的取向嗎？『生死不也本是同一家嗎？』」只是在處理生命的問題上，兩者各有不同的偏重點。前者強調正面建立生命的意義才有可能解決生命所產生的問題，後者則強調只有透徹了解死亡的意義才有可能解決生命所產生的問題。那麼，為什麼會有這樣的差異產生呢？主要的理由在於認知的不同。對於前者而言，「的確，生死是一體的兩面，規避死亡不但不能免除死亡，還容易使人活得短視近利而醉生夢死。因此，生命教育應該正視死亡課題，以及由之而生的對生死意義的探問。然而，生命教育除了生死議題外，還應該關懷生死兩點之間的『安身立命』。依此，生命教育不該只是生死教育，還應涵蓋整個人生價值觀的建立」（孫效智，2000）。對於後者而言，「生老病死乃人生之必然，就如花開花落、月圓月缺般，然則中國人對待生死問題之心理具傳承性，視死亡為存在之威脅，規避死亡課題，任由孩子延伸喪葬畫面為死亡圖像，運用想像處理現實困境，孩子既無法於實際生活脈絡中關切自己的存在，更無法於校園中習得面對生命之正確態度，且在面臨失落事件時，無能以健康心態轉化個人情緒，重建生活秩序」（三民家商，1998）。既然，後者如此強調死亡對生命的重要性，那麼為何高雄市的生命教育不直接以死亡教育命名，而要以生死教育命名？根據楊瑞珠（1998）的說法，「最後我分享一個高雄市教育局的《生死教育手冊》，本人有機會參與指導，將在10月份出版，現在正修訂中。羅局長在暑假中就指示要設計出一發展性、一貫性從國小、國中到高中的生命教育的教材。編撰過程中我們發現生命教育太廣泛，死亡教

育又觸犯到文化上的禁忌，所以我們決定以生死教育來反映從國小到高中各階段之一致性與多樣性，適用國小、國中、高中，也兼顧到各階段的一致性與多樣性，後來我們稱之為生死教育，其實內涵是死亡教育」，這是屬於社會文化禁忌的問題，因此高雄市的生命教育只好用生死教育來命名。

在確認高雄市的生命教育名稱為生死教育之後，我們進一步要問這樣的生命教育有什麼樣的目標？根據高雄市《生死教育手冊》的說明：「本手冊的主要目的在於彰顯生命的意義，教導吾人確立正確、積極的人生觀，讓每個人生命與死亡皆有尊嚴，提高生活品質，並能確立其正確、健康的死亡概念，以及減少對死亡的恐懼，培養正面的死亡態度和有效因應行為。」可見「彰顯生命的意義，教導吾人確立正確、積極的人生觀」與「確立其正確、健康的死亡概念，以及減少對死亡的恐懼，培養正面的死亡態度和有效因應行為」有很密切的關聯。

就是這種對於生命與死亡密切關聯性的認知，讓高雄市教育局將生命教育的目標訂定如下：「(一)認清死亡本質與內涵。(二)建立正確面對死亡的態度及有效之調適方式。(三)幫助澄清社會上及倫理上的一些有關於死亡的主題。(四)能以審慎、理性的態度省思生命與死亡的真義，建立正確的人生觀和自我價值。(五)能透過價值的澄清與人生目標的確立，而了解生命的意義，珍惜生命，進而做好人生規劃，增進生活品質並提升生命意義。」從上述這些目標的敘述來看，其中的(一)認清死亡本質與內涵；(二)建立正確面對死亡的態度及有效之調適方式；(三)幫助澄清社會上及倫理上的一些有關於死亡的主題，表達的都與死亡的部分有關；(四)能以審慎、理性的態度省思生命與死亡的真義，建立正確的人生觀和自我價值，則與生命與死亡兩個部分有關；(五)能透過價值的澄清與人生目標的確立，而了解生命的意義，珍惜生命，進而做好人生規劃，增進生活品質並提升生命意義，則與生命的部分有

關。

　　依此，我們似乎只能說高雄市的生命教育十分強調死亡部分的重要性，也看到生命與死亡之間關係的密切性，這點是與臺灣省的生命教育不太一樣的地方。然而，這樣的不一樣到底不一樣到什麼程度，死亡是否不只是具有輔助的地位而具有更本質的地位，經由這樣的認知是否就能完整有效的解決生命本身的問題，這點似乎無法從上述目標的敘述中得知。雖然，在該手冊的編輯說明中，曾經有過下述的說明：「生死教育係指探究死亡、瀕死與生命關係的歷程，能增進個人覺醒生命的意義，並提供個人檢視死亡的真實性及其在人生當中所扮演的角色與重要性。」表示生命意義的覺醒是有必要透過死亡意義的認知，但是，這樣從死論生角度的交代，在目標的敘述中並沒有清楚的說明。所以，我們到目前為止既不能說上述的目標已經明白交代生命與死亡的關係，也不能說完全沒有交代，只能說必須進一步由課程設計內容來判斷從死論生的意義。

　　就《生死教育手冊》的編輯說明來看，高雄市的生命教育教材分理論與實務兩個部分。理論部分指的是知識篇，其中強調死亡的概念、死亡教育、失落與悲傷的調適三個重點，目的在協助教師於課程活動進行前，強化個人生死教育的先備知識，且作為本《生死教育手冊》編輯之主要理論架構。因此，無論是國小、國中或高中，三者的理論部分都是一樣的。實務部分指的則是活動篇，依國小、國中、高中的不同而有不同的內容，主要有四個重點：生命的開始、生命的挑戰、生命的超越與生命的禮讚，分由各編輯委員多方蒐集資料，將理念轉換為可資運用之教材，在每一單元的撰寫中，有三則分別適用於低、中、高年級，不同層次的實例，讓老師自己在教學時能夠有所依循，樂於談生論死，並能觀照生命的本質，活出自己圓融的人生。

　　首先，我們看知識篇的課程內容。知識篇原有死亡的概念、死亡教育、失落與悲傷的調適三個重點，在此合併為死亡及死亡教育、

失落與哀傷的輔導與調適。就第一部分而言，總共有七章：第一章死亡的涵義，第二章死亡概念，第三章死亡態度，第四章死亡教育，第五章死亡率、平均壽命及死亡原因，第六章喪葬儀式與死亡禁忌，第七章臨終關懷。相關內容如下：第一章包括死亡的定義，哲學及宗教對死亡的詮釋，心理學對死亡的看法；第二章包括死亡概念的涵義，死亡概念研究理論與評量；第三章包括何謂「死亡態度」，死亡態度研究方法及工具；第四章包括死亡教育的內涵，死亡教育的教學實施；第五章包括死亡率，平均壽命，死亡原因分析；第六章包括喪葬儀式，死亡禁忌；第七章包括現代西方社會臨終關懷的緣起，安寧照顧，安寧歸去的要素，臺灣社會中有關安寧歸去最困難的問題。就第二部分而言，總共有三章：第一章什麼是失落，第二章失落後的哀傷反應，第三章失落後的哀傷調適。相關內容如下：第一章包括失落的意義，失落的種類；第二章包括認識哀傷，哀傷反應的過程，哀傷反應的徵兆，哀傷的影響，對哀傷的迷思，兒童的哀傷反應，青少年的哀傷反應；第三章包括自我復原的步驟，哀傷諮商與輔導措施，運用有創意的方式協助兒童與青少年調適哀傷。

透過上述章節內容的敘述，我們發現知識篇的部分非常重視死亡，內容包括死亡的認知、態度、關懷、做法等等方面，與臺灣省的生命教育相較起來，算是對於死亡有較完整與深入的介紹。由此也可看出高雄市的生命教育的確是從死論生，完全從死亡相關問題的面對來解決生命的問題。從這點來看，恰好跟臺灣省強調從生論生的生命教育產生互補的作用。雖然如此，兩者對於生命與死亡關係的看法卻有相同的缺點。因為，兩者固然都希望將生命與死亡視為我們存在自然的一部分，但是對於這樣的存在狀態卻無法進行同等的價值判斷，只能根據過去的成見好生惡死，無法正視死亡本身的真正意義與價值。因此，對於死亡與生命的真正關係以及生死一體的深刻意義自然無法有一個較為完整和有系統的認識。所以，就理論論述的部分而

言，高雄市的生命教育依舊無法清楚交代生命本身的問題。關於這一點，我們也可以進一步在實務部分得到證實。

其次，我們看活動篇的課程內容。先從國小的部分來看，國小的活動篇共有四章：第一章生命的開始，第二章生命的挑戰，第三章生命的超越，第四章生命的禮讚。相關內容如下：第一章包括大自然的奧妙，新生命的喜悅；第二章包括生命的失落，死亡的面貌；第三章包括克服失落情緒，勇於面對死亡；第四章生命的價值，圓滿的人生。我們發現整個課程設計是從生命出發，通過死亡，再圓滿生命。表面看來，這應該是一個相當合理的程序。問題是，從失落、死亡相關言詞的敘述，我們看到了過去負面的評價，既無法面對失落與死亡經驗的自然性，也無法看出生死一體意義的真正落實。

同樣，在國中的部分亦同。國中的活動篇總共有七個單元，內容包括：生命的律動，生命的樂章，揭開死亡神祕的面紗，臨終關懷與安寧照護，生命的挑戰，生命的超越，生命的禮讚。其中的設計程序雖然和國小部分相同，但是沒有國小部分的安排那麼簡潔有力。不過，在缺點的部分和國小一樣，都無法真正面對失落與死亡經驗自然性的意義，也無法看出生死一體意義的真正落實。

至於高中的部分，也和國中的部分一樣具有相同的問題。就高中部分的課程設計來看，總共有五章：第一章生命的真相，內容包括：生生不息——生命的循環，尋寶之旅——揭開死亡神祕的面紗；第二章生命的挑戰，內容包括：生命中的失落經驗，生命不可承受之輕——面對失落與悲傷的反應及影響；第三章超越死亡，內容包括：似是而非——面對失落的迷思，走過痛苦——如何面對自己與親友的死亡，自助與助人——如何克服各種失落與悲傷；第四章生命的省思，內容包括：自殺，安寧死，器官捐贈，墓誌銘；第五章生命的禮讚，內容包括：生命的意義與價值，生命的任務與規劃，美好的人生。在這五章當中，雖然和國中部分具有相同的缺點，不過可以在似是而非

——面對失落的迷思中看出突破生死價值成見的努力。可惜的是，這樣的努力畢竟沒有貫徹到底，克竟全功。

透過上述的反省，我們發現高雄市的生命教育雖然意識到單獨從生命的角度去解決生命的問題是不夠的，因為生命除了生命這一面的存在以外，還有死亡的那一面存在。所以，他們試圖從死亡這一面來看生命，設法平衡臺灣省的生命教育所反映的文化缺失。但是，他們也和臺灣省的生命教育一樣犯了相同的錯誤，認為從死亡這一面來論生命就可以解決青少年存在的問題，而忘記這種強調也有其限度。因為，無論我們是從生論生也好，或是從死論生也好，最關鍵的部分是，我們對於生命與死亡的關係到底有什麼樣的看法？如果我們採取的是生死二元切割的看法，那麼不管我們從哪個角度來論生死，生死的真義永遠在我們的探討之外。因此，我們應從生死一體意義的探討出發，這樣才可能有較能解決生死問題的生命教育，而不是停留在究竟是從生論生較好或從死論生較佳的爭議當中（尉遲淦，2000）。

四、生死管理角度下的生命教育

在探討了臺灣省的生命教育與高雄市的生命教育之後，我們是否準備提出第三種生命教育模式來取代前兩種呢？我們並不準備這樣做。理由是問題的焦點其實不在課程設計的本身，而是在對於生死意義的認知上。因此，我們提出生死管理下的生命教育的重點在於，一方面導正生死一體意義的問題，一方面將生命教育的重心往管理的方向帶。以下，我們分兩部分來談。

先就生死一體意義的問題來看，上述兩種生命教育的模式都強調生死一體的重要性與根本性，但是這種重要性及根本性並沒有真正貫徹到生命教育的整個教材當中，也沒有對生死一體的意義做進一步的說明。根據上述教材的相關論述，上述兩種模式不是把生死一體的意

義了解成生命與死亡都是個人存在自然的一部分，就是把生死一體的意義了解成死亡是生命的另一端，只是這另一端的意思不一定代表生命的完全終結。然而，把生命和死亡看成個人存在自然的一部分並不表示生命和死亡就是一體的，也可以表示生命和死亡只是個人存在的不同階段，兩者間完全沒有任何的交集或關聯，有的只是時間順序的先後。同樣的，把死亡看成是生命的另一端，無論這一端代表的是終結的意思或另一生命的開始，都與上述的不同階段說法沒有太大的差異。因此，這種把生命與死亡的關係看成是個人存在自然的兩端的看法並不是真正生死一體的看法。

因為，所謂的生死一體絕對不是上述兩端的說法。上述兩端的說法其實反映的是生死二元的想法，彷彿生命過完之後才有死亡的發生，死亡是壽命已盡的結果。如果我們不能把生命和死亡的關係看成是個人存在靜態的兩端，那麼還有其他的理解方式嗎？根據傳統的看法，也有把生命和死亡的關係看成是一體的兩面。問題是，一體的兩面表面上看來似乎已經將一體的意思表達出來，實際上卻無法將一體的意思說清楚。因為，所謂的兩面到底是真正不同的兩面，還是角度上不同的兩面。如果兩面指的是真正不同的兩面，那麼我們就要追問這兩面到底是一體還是兩體？如果是一體，那就表示這兩面只是角度上的不同，而不是真正存在上的不同。何況，從上述一體兩面的表達來看，這種表達也太靜態了些，忘記個人存在的動態性。因此，有人為了傳達動態的特質，特別對生死一體的說法提出生死互滲的解說。所謂的生死互滲，指的是「從浮面上看，人之『生』與『死』的確完全不同，判然兩分；但深入一步去思索，則會發現，『死』並非出現於人生命的終點，處於人生過程的最末尾，而是滲透於人生的整個過程之中的。也就是說，『生』包蘊著『死』，『死』則意味著『新生』，所以，『死』也可說蘊藉著『生』，這即所謂的『生死互滲』」（鄭曉江，1999）。藉著這樣的理解，表示生命與死亡不是分

開的，而是彼此包涉在一起。在這樣的解說當中，我們不但看到了生死不是截然切割的兩部分，而是彼此內在有關聯，也看到了生死關係的動態化。可惜的是，在這樣的解說裡還是讓我們覺察到生命與死亡好像仍然是兩個不同的存在，而沒有辦法圓滿地表達一體性的意義。倘若我們真的要圓滿地表達生死的一體性，最好的表達方式還是使用佛教的表達方式，就是即生即死，即死即生，把死亡與生命當成同體完成的意思。因為，只有在「即」字的表達中，我們才能一方面傳達生命與死亡不可分、彼此無外的意思，二方面傳達生命與死亡在價值上的平等性，三方面傳達生命與死亡的動態性，四方面傳達生命與死亡的圓滿性。所以，當我們在談生命教育時，即生即死的生死一體觀念應該作為整個內容設計的基本觀點。也只有這樣，我們才不會把死亡當成是一個藉口（即作為逃離生命的工具），同時才不會把生命看成是一個可以等待拖延的東西（即認為死亡還早還可以慢慢的混）。

　　次談如何將生命教育往管理方向帶的問題。根據孫效智（2000）的說法：「真正的生命教育應從家庭、學校、社會各方面著手，幫助青少年從小開始探索與認識生命的意義，尊重與珍惜生命的價值，熱愛並發展每個人獨特的生命，並將自己的生命與天地人之間建立美好的共融共在關係。」從這樣的生命教育來看，臺灣省的重點是擺在生命的認識與建立上。因此，在課程內容的設計上也是往這樣的方向走。所以，即使在高二生死尊嚴的課程教案單元目標中，曾經有過「引導學生認識心理學、哲學及宗教面對生命及死亡的詮釋，從而有所反省，做好個人生涯規劃」這樣的說法，但是我們卻沒有看到進一步的具體做法。問題是，我們都知道生命教育要解決的問題不單只是認知上的問題，也是行動上的問題，因而只有建立正確生命觀是不夠的。雖然我們常常會說有正確的認知就會有正確的行為，然而現在時代不一樣了，整個社會環境也不像以前那樣地單純，我們已經很難直覺地就實踐知行合一的想法了。因此，在生命教育上，我們不能太樂

觀地認為能知必能行。何況，現在的社會變化萬千，我們如果沒有事先做規劃，一旦遇到問題就算有正確的觀念，一時間也很難做較為周全的反應，尤其是面對生死方面的問題更是如此。正如黃有志（2001）所說的：「生命管理最重要的是無懼死亡無所不在的威脅，試著超越對死亡自然的恐懼，一方面規避生命可能遭遇的風險，做好妥適避險的規劃；一方面體認生命的無常，先做好隨時可能辭世的準備，以無憂無懼的態度隨時接受死亡的來臨，同時以樂觀積極的態度體認生命的無常，而能好好珍惜把握人生的每一分、每一秒時間，從事有益人群社會的工作，藉此充實並豐盈自己難得的寶貴生命。」所以，生命教育必須從教育的認知層面走向管理層面的整體規劃。對於這樣的轉向，我們在高雄市的生命教育中看到了雛形。在高中職《生死教育手冊》活動篇的第五章單元二「生命的任務與規劃」中，單元目標裡有過「能探索人生旅程的中程和長程規劃、能認識人生發展的八個階段及其發展任務」的敘述，且有相關的活動配合，表示高雄市的生命教育已經有了生死管理的初步想法。

然而，這種初步想法固然不錯，可惜仍只是初步的想法，並沒有將這樣的想法融入整個課程的設計中，讓生命教育具有生死管理的整體規劃觀念，否則具有生死管理特質的生命教育必定更能解決生死的問題。因為，人生不只是一個個行為的集合體，而是一個具有整體性的存在（即全人教育中強調的全人，存在於天地之間的全人）。唯有面對個人生死進行整體的規劃（即生死管理），生死的問題才能得到較為妥善有效的解決。

五、結語

在經過上述的分析與反省之後，我們對於當前的生命教育謹提供一些個人的建議作為大家的參考：(一)不要把生命教育當成是傳統的

認知教育，認為只要培養正確的認知或智慧，就能解決所要面對的問題，而應當根據生命教育所要解決問題的特質，把生命教育當作是解決生命問題的行動教育。同時，對於行動教育的認定，也不能把這樣的行動教育當成是解決個別行為的行動教育，而要認為這樣的行動教育是解決個人存在整體生死問題的行動教育。(二)透過上述的認知，我們切入生命教育的方式，也就不再像臺灣省的生命教育那樣從生命的角度切入或像高雄市的生命教育從死亡的角度切入，而是從生涯發展的角度切入。只是在此的生涯發展角度不僅是談論工作規劃的生涯發展，也不僅是談論生命規劃的生涯發展，而是談論生死規劃、生死管理的生涯發展；換句話說，這樣的生涯發展就是把生命與死亡看成是從生到死構成一個整體的生涯發展。(三)在上述生死發展觀的認知下，我們更進一步深入探討生死意義本身的問題。藉著對生命與死亡關係的省思，重新檢討整個生命教育背後所隱藏的生死觀，對於生死究竟是二元對立或是一元統合的問題形成更成熟透徹的看法。再根據這樣的生死一體觀，針對青少年生死發展的階段性重點，重新規劃整個生命教育的相關課程，讓整個生命教育的課程除了更能符合青少年的生死發展外，也能更正確的引導青少年去面對與管理自己的生死。

六、參考文獻

三民家商（1998），《生死教育手冊》。

曉明女中（1998），《生命教育教師手冊》。

陳芳玲（1998），〈生命教育課程之探究〉。臺灣省政府教育廳：臺灣省
　　《中等學校輔導通訊》第五十五期，頁29-34。

楊瑞珠（1998），〈談失落與悲傷的輔導也是生命教育的一環——專訪高
　　雄師範大學輔導研究所楊瑞珠教授〉。臺灣省政府教育廳：臺灣省
　　《中等學校輔導通訊》第五十五期，頁1-5。

劉源明（1998），〈談生命教育之推展〉。臺灣省政府教育廳：臺灣省

《中等學校輔導通訊》第五十五期，頁47-48。

鈕則誠（1999），〈中學生「生命教育」的未來展望〉。南華管理學院「生命教育規劃研討會」，頁1-3。

鄭曉江（1999），《超越生死》。臺北市：正中書局。

尉遲淦（1999），〈生命教育課程的另一種規劃方案〉。南華管理學院「生命教育規劃研討會」，頁119-127。

尉遲淦（2000），〈生命教育的生死反思〉。教育部社會教育司《回饋—文教基金會會訊》第五十二期，頁9-11。

孫效智（2000），〈生命教育的內涵與哲學基礎〉。林思伶主編，《生命教育的理論與實務‧生命教育——教改不能遺漏的一環》。臺北市：寰宇出版社，頁1-22。

錢永鎮（2000），〈中等學校生命教育課程內涵初探〉。林思伶主編，《生命教育的理論與實務‧生命教育——教改不能遺漏的一環》。臺北市：寰宇出版社，頁127-149。

謝永齡（2000），《青少年自殺——認識、預防及危機處理》。香港：中文大學。

黃有志（2001），〈從殯葬角度看生死管理〉。大同商專暨大同商專附設進修學校「第二屆生命教育與管理研討會」（2），頁1-24。

張淑美（2001），〈導讀與謝誌漫談「生死本一家」——死亡教育、生死教育是臨終教育還是生命教育？〉。《中學「生命教育」手冊——以生死教育為取向》。新北市：心理出版社股份有限公司，頁3-11。

吳敦義（1998）

附錄二　生命教育的意義與殯葬課題的出現

一、前言

　　從今天所看到的現象來看，臺灣的生命教育似乎已經推動了很久。實際上，對那一些真正了解臺灣生命教育發展的人而言，臺灣的生命教育其實並沒有表面想像的那麼久。就我們的了解，臺灣的生命教育之所以會出現，純粹是來自於一個偶然的機會。當時，由於臺中的一位高中女生發生了一件不倫之戀，後來在社會的壓力下兩人相約自殺，結果這位高中女生自殺死亡。面對這樣的學生自殺事件，就有民意代表在臺灣省省議會開會時提出質詢，認為省教育廳的官員應該想辦法解決這樣的問題。於是，在民意代表的壓力下，在場的省教育廳官員只好做出解決問題的承諾。

　　可是，承諾歸承諾，究竟要做什麼才能讓提出質詢的民意代表滿意？嚴格說來，當時承諾的省教育廳官員也不見得有明確的概念。雖然如此，他們對於民意代表所承諾的事情卻又不能不兌現。因為，如果沒有兌現的話，那麼下一次質詢時這些民意代表一定會舊話重提。這時，就會讓自己陷入很尷尬的境地。所以，為了避免這樣的困境出現，無論如何他們都要想辦法解決問題。

　　那麼，他們要怎麼解決問題呢？對他們而言，原先的高中教育當中就有道德教育的存在。可是，從整個事件的發生來看，這樣的道德教育似乎沒有辦法防止這樣的事件發生。所以，如果再繼續提出道德教育作為解決問題的答案，那麼這樣的答案顯然是不會被這些民意代表接受的。

　　既然如此，那麼要怎麼做才能被接受？對他們而言，要被接受最

好的做法就是提出一個新的方案。因為，只要是異於過去的方案，雖然這樣的方案並沒有被實踐檢證過，但是卻代表一個新的嘗試。在這個嘗試被完全檢驗之前，是沒有人可以說它一定是無效的。就是基於這樣的心理，他們認為這樣的新方案被接受的可能性就很高。結果正如他們所預期的，這樣的新方案就被接受了。也就是這樣，在過去的道德教育之外又出現了一門新的課程叫做生命教育。

由於生命教育被賦予這樣的重責大任，因此我們自然會有這樣聯想，認為這樣的教育應該可以補足過去教育的不足。可是，經過這麼多年實踐的結果，我們發現它到底幫過去的教育解決了什麼樣的不足，說真的，實在沒有表面看的那麼清楚[1]。話雖如此，我們在此也不能立刻就推斷說它什麼樣的不足都沒有解決。因為，這樣的判斷太過獨斷。如果我們希望對它進行客觀的評論，那麼就必須先弄清楚它做了什麼？什麼還沒有做？唯有如此，才能說我們對於生命教育進行了客觀的評論。也只有在這種客觀評論的基礎上，我們才能說生命教育貢獻了什麼？還有什麼可以繼續進一步改進的？使生命教育不僅可以產生它原先預定的功能，還可以讓這樣的功能得到充分的發揮。

為了達到這個目的，我們需要先了解臺灣生命教育的由來。表面看來，這個問題的答案似乎再清楚不過了。根據上面所說，臺灣的生命教育不就是為了解決那一位高中女生的不倫之戀與自殺的問題嗎？的確，生命教育的出現是為了解決這樣的問題。可是，解決問題歸解決問題，為什麼會選擇用生命教育這樣的課程來解決問題卻是另外一回事。因此，我們需要先了解臺灣的生命教育是從哪裡來的？是來自於自己的創發，還是來自於國外的引進？

---

[1] 尉遲淦，〈生命教育課程規劃〉，《人文價值與生命關懷——2003通識課程之理論基礎研討會論文集》（高雄：樹德科技大學通識教育學院主辦，2003年6月），頁102-103。

　　本來，解決問題的方法最好是自己的創發。可是，如果要自己創發，那麼所要解決的問題可能就不會出現。現在，既然問題出現了，那麼這就表示自己可能沒有能力創發。如果自己沒有能力創發，那麼要如何找到解決問題的答案？對我們而言，最直接的想法就是從西方取經。因為，自從滿清末年被西方打敗之後，我們一直把西方當成我們解決問題的圭臬。因此，在遭遇無法解決的問題時，我們不知不覺就會想到西方，認為他們一定有辦法幫我們解決問題。

　　於是，在這種師法西方的心態下，他們開始尋找可能解決問題的方法。可是，要到哪裡才找得到解決問題的方法呢？後來，在幾經尋找後，他們終於發現澳洲有一門課程似乎可以解決這樣的問題。那麼，這是什麼樣的課程？對他們而言，這樣的課程就是生命教育的課程。他們之所以會做這樣的選擇，是因為他們在這樣的課程當中看到了對生命的尊重。如果不是缺乏對生命的尊重，那麼上述的不倫之戀與自殺也就不會發生了。所以，他們認為這應該是一個很適切的引進。

　　問題是，他們雖然在生命教育身上看到了對生命的尊重，但這不表示他們就是完全照本宣科的引進。因為，如果只是完全照本宣科的引進，那麼在此就必須先確認這種引進所要解決的是和我們一樣的問題。否則，在引進之後才發現所要解決的是不同的問題，那麼這種引進就不能產生預期的效果。因此，在引進之初就必須先了解這是否是解決相同的問題？如果是，那麼就可以完全照本宣科地引進。如果不是，那麼就必須做進一步的調整，如此一來，才能產生最大的效果。

　　根據我們的了解，西方生命教育的出現是有其特殊背景的，他們所遭遇的是和青少年吸毒、暴力有關的問題。為了解決這樣的問題，他們也是花了很多心思設法解決問題。在經過多方思考之後，他們認為青少年之所以會出現吸毒、暴力的問題，關鍵就在於對於生命的不尊重。因此，只要喚醒他們尊重生命的意識，那麼應該就可以合適的

解決吸毒和暴力的問題。所以，基於這種思考，他們認為生命教育是一個合適的解決對策。

　　然而，對我們而言，要解決的不是青少年的吸毒、暴力問題，而是不倫、自殺的問題。因此，如果完全照本宣科地直接引進，那麼就會遭遇不合適的質疑。但如果我們做某種方式的調整，那麼這種引進就不見得會遭遇類似的質疑。因為，這種引進雖然所針對的問題不一樣，可是在解決問題的關鍵所要強調的重點卻都是一樣的。也就是說，他們都認為問題的根本出在青少年對於生命的不尊重。只要我們能夠喚醒他們對於生命的尊重，那麼問題就有解決的可能。

　　就是基於這樣的考慮，我們在引進生命教育時就不能完全照本宣科，而是要進一步地調整。在調整的過程中，他們發現有兩個重要的成分是必須提出的：一個就是有關尊重生命的觀念；一個就是有關體驗式的活動做法。對他們而言，這兩個部分是我們過去的教育當中所欠缺的，只要能夠系統性地把這兩個成分加入我們的教育之中，那麼有關青少年的不倫、自殺問題應該就可以得到適切地解決。

　　表面看來，這樣的想法似乎並沒有錯。可是，只要回歸到我們所要解決的問題本身，就會發現其中似乎還是有一些落差存在。因為，我們需要解決的是青少年的不倫、自殺問題，而不是生命尊重的問題。既然如此，那麼為什麼還要引進這樣的觀念與做法呢？其中，最主要的理由在於他們認為青少年之所以會發生不倫、自殺的問題，是來自於對生命的不尊重。因此，只要喚醒他們對於生命的尊重，那麼自然就不會發生青少年不倫、自殺的問題。所以，在思考過程中才會把解決問題的重心從不倫、自殺轉向生命意義與價值的重建。

　　這麼說來，這是個合理解決問題的思考過程，似乎沒有什麼可以進一步質疑的。不過，只要再深入了解，就會發現問題似乎沒有表面看的那麼單純。因為，讓問題的解決重新產生這樣移轉的不只是上述的合理思考，而是背後還有某種潛在的因素。就是受到這種潛在因素

的影響，整個生命教育的發展才會變成今天這樣的樣貌[2]。

那麼，這個潛在的因素是什麼呢？就我們的了解，就是死亡禁忌的因素，否則生命教育也不會發展成今天這個樣貌。可是，死亡禁忌的因素為什麼會產生這麼大的影響力？這是因為死亡禁忌的因素深入到傳統文化之中，成為我們面對問題的重要影響因素。當我們在思考一個問題時，如果這個問題和死亡無關，那麼死亡禁忌的因素就不會產生任何的作用。但是，如果這個問題是和死亡有關，那麼死亡禁忌的因素就會產生關鍵性的影響力。因此，當我們面對青少年的不倫、自殺問題時，這時死亡禁忌的因素就會產生關鍵性的作用。

二、死亡禁忌的因素

現在，我們進一步了解死亡禁忌對生命教育的影響力。就傳統文化而言，死亡是個禁忌話題，這在許多方面可以很清楚地看到。例如日常生活當中去用餐的時候，如果去的人是四位，那麼餐廳服務人員絕對不會直接說四位，而會技巧性地用三加一位來處理，表示來客人數和四無關。為什麼餐廳的服務人員要這麼做呢？難道在報客人數時用到四字就不可以嗎？其實，四只是個數字，報起來應該沒什麼問題。可是，餐廳服務人員為什麼就不直接報這個數字，而要拐彎抹角地轉換成三加一的報法呢？這是因為四在諧音上和死這個字的音很像。就是這種諧音上的像，讓餐廳服務人員為了避免觸客人的霉頭，只好避開這個和死諧音很像的四，而轉換成三加一。由此可見，死亡禁忌在我們的日常生活中是多麼具有影響力。

不僅如此，當我們生病住院時，我們所住的醫院，一般不只沒有四樓的樓層，也沒有四號的病房。倘若有哪家醫院樓層敢設四樓、敢

---

[2] 鈕則誠，《生命的學問——反思兩岸生命教育與教育哲學》（新北市：揚智文化事業股份有限公司，2010年9月），頁4-6。

有四號病房，那這個樓層和病房一定沒有一個病人敢住。為什麼會這樣子呢？就我們所了解，每一棟大樓只要超過四樓就一定會有四樓的樓層，每一層的病房只要超過四間就一定會有四號病房。既然如此，為什麼醫院就會想要避開四樓樓層和四號病房？難道他們不知道有四樓的樓層和四號的病房是正常的嗎？對他們而言，他們當然知道。可是，知道歸知道，他們更清楚無論如何都不能觸病人的霉頭。如果觸了病人的霉頭，那麼病人一定就不會來這家醫院住院。為了讓病人會來住院，所以醫院一定要把四這個和死諧音有關的字避開。唯有避開這個字，病人才不會覺得來這家醫院住院就是等死，而是可以康復出院健康回家的。所以，在生病時，由於和生命的危機有關，我們更在意和死亡有關的禁忌話題。

　　除此之外，探病時也有一些和死亡有關的禁忌話題。例如有朋友生重病住院，我們就會去醫院探病。可是，如果我們是從事殯葬的工作，那麼朋友或他的家人可能就不歡迎我們去探病。因為，他們會擔心們去探病，不知會不會因此把死亡也帶過去，以至於造成病人的死亡。實際上，我們都很清楚一個人會不會因病死亡，絕不是因為探病的人是從事殯葬工作的結果，而是根據他所生的病的嚴重性。問題是，人在這種情況下，他們的反應絕對不是理性的，而是非理性的。因此，為了避免觸霉頭，我們只好避免去探病。從這裡可知，不只數字會有死亡禁忌的問題，連職業也會有死亡禁忌的問題。

　　此外，在結婚時他們也很在意是否有殯葬業者來參加。對他們而言，結婚當然是喜事。可是在辦喜事的過程當中當然不希望被干擾，尤其不喜歡被殯葬業者所干擾。因為，殯葬業者是專門從事死亡服務的，而結婚這種喜事則是為家庭創造新的生命和新的希望。這時，如果殯葬業者出現了，那麼就會對結婚這件喜事帶來負面的影響。嚴重的話，甚至於造成死亡事件。所以在一般的情況下，舉辦婚姻喜事的人都不歡迎殯葬業者的參與。即使這個參與的人和舉辦喜事的當事人

過去都是好朋友，他們也希望這個朋友盡量避開辦婚宴的這一天，讓他們可以順順利利地把婚事辦完。否則，如果因著他們的參加而導致死亡事件，那麼不就違反他們為朋友祝賀的原意了嗎？

生孩子的時候也是一樣。當孩子滿月時，按照禮俗我們都要去祝賀。可是，在祝賀時大家都很在意一種人去了沒有，那就是從事殯葬工作的人。如果從事殯葬工作的人來了，那麼就會不受歡迎。因為，今天要辦理的是滿月的祝賀。所以，殯葬人員的出現不但不會帶來祝賀的聯想，相反地，反而會帶來死亡的聯想。對當事人而言，這樣的聯想就是一種觸霉頭的行為，是需要盡力避免的。

做大壽的時候，更是如此。如果在做壽的時候有人不說福如東海，壽比南山，而改用和死有關的賀詞，那麼當事人一定會覺得非常穢氣，認為來祝壽的人根本就是故意要觸他的霉頭。實際上，我們都很清楚一個人會活多久，和別人的祝福一點關係都沒有。可是，在祝壽的時候我們就想聽到祝福的聲音，而不希望聽到與死有關的聲音，認為如此死亡就不會進到壽星的家中。可見，一般人在祝壽時是多麼在意死亡的禁忌。

另外，當一個人家裡有死亡事件發生時，他們當然要為亡者辦喪事。可是，在辦喪事的過程中，他們有很多死亡禁忌的事情要處理。例如要為鄰居貼紅，目的除了避免讓他人誤闖之外，更重要的是，避免為鄰居帶來不幸的事情。否則，如果因為自己家裡發生死亡的不幸事件，導致鄰居也出現相同的情況，那麼自己就罪惡大了。所以，為了避免類似事件發生，希望藉著貼紅來避開這樣的不幸。同時，在辦喪事的過程中，我們自己也會謹言慎行，不會隨便到人家家裡，因為可能會把死亡的不幸帶到人家家裡。對他們而言，這樣的後果是無法承受的。所以，為了避免這樣的不幸發生，我們都會在辦完喪事之後才到他人家中。至於前來幫忙辦喪事的殯葬業者，我們在辦完喪事的過程當中雖然非常需要他們的幫忙，但是等喪事辦完之後我們一樣

希望他們趕快離開。因為，他們如果沒有快快離開，那麼我們就會擔心是否還會有下一場喪事要辦，要不然他們為什麼還不離開？由此可見，不僅我們不希望自己家裡的死亡事件影響到他人，也不希望自己家裡的其他人受到死亡事件的影響，最好是從此以後死亡事件不再發生。

　　從上述所舉的幾個例子來看，死亡禁忌幾乎滲透了我們日常生活的每一個層面，無論是婚喪喜慶，也無論是生老病死。這麼說來，我們日常生活的一切幾乎都逃脫不了死亡禁忌的魔掌。那麼，為什麼死亡禁忌會有這麼大的魔力？這是因為死亡禁忌的擴散不是循著正式的管道，而是透過非正式的管道。在這個管道當中，它和個人的生活一起成長。因此，我們在不知不覺當中就深深地被洗腦而無法擺脫。雖說我們在西方的影響下，現在所受的是科學教育，但還是無法確實打破死亡的禁忌，甚至還受到了死亡禁忌的宰制。以下，我們舉一個例子說明。

　　例如南華大學在2000年提出生死管理學系的申請，其實當時是要申請殯葬管理科系。由於在申請時就有人考慮到通過的問題，如果申請不能通過，那麼這樣的申請就沒有意義。所以，為了避免申請遭受阻礙，就有人建議不要用殯葬管理科系，而要用其他的名稱，如生死管理學系。如此一來，申請案就可能比較容易通過。因為，在此之前南華大學就已經有了生死學研究所，這就表示生死管理學系也在原先範圍之內，並沒有逾越生死的範圍，這樣自然就比較容易通過。後來，事情的結果真的證實了他的預測。可見，就連主管教育的教育部都對死亡心存禁忌，那麼還有誰沒有心存死亡禁忌呢？

　　不過，不只是教育部這樣反應而已。因為，教育部不只是一個機構，還是一個由教育學者與專家所組成的機構。因此，它的反應其實就代表整個教育界與學術界的反應。在審查意見當中，我們發現了死亡禁忌的存在。就審查意見而言，審查委員的建議，也就是教育部的

建議，認為整個課程的設計太多關於死的部分，希望在通過之後課程可以調整，讓生的部分可以多增加一些。從這樣的建議看來，審查委員或教育部都不希望一個新設的科系和死亡做過多的牽扯。問題是，他們忘了與死亡有關的科系本來就應該和死亡多所牽扯。如果牽扯太少，那這樣的科系還是和死亡有關的科系嗎？更何況，這樣的科系本來就是為了殯葬而設，其中的課程當然更和死亡有關。由此可見，死亡禁忌不只深入日常生活當中，也進入我們的教育體制，甚至於我們學者專家的內心當中。

　　這麼說來，想要逃離死亡禁忌的宰制就變得不可能。因為，教育本來就是帶來改變的火車頭。現在，連帶來改變的火車頭都深陷死亡禁忌當中，那麼怎能奢望教育還有改變死亡禁忌的作為呢？就是這樣，當1998年要推出生命教育時，雖然當時的人都知道這是為了解決青少年的不倫、自殺問題，但在不知不覺當中還是避開了死亡名稱的提議，認為這樣做的結果是無法得到社會大眾認同的。因為，和死亡有關的名稱如果進入生命教育當中，那麼這樣的教育是要解決不倫、自殺的問題，還是要教導學生如何死亡的知識與技能。為了避免這樣的不當聯想，讓生命教育可以順利地推動，最後還是認為沒有死亡在內的生命教育名稱較為恰當，也較能夠讓一般人看到名稱就聯想到生命問題的解決。

　　表面看來，這樣的名稱似乎解決了死亡禁忌的問題，那生命教育是否就可以得到順利地推動？其實，情況並沒有想像那麼簡單。因為，生命教育之所以要避開死亡的名稱，不只是名稱上的問題，還包括內容上的問題。如果只是名稱上的問題，那麼避開名稱上的困擾就解決了。可是，如果是內容上的問題，那麼單純地避開名稱上的困擾不見得就可以解決問題。倘若真要解決內容上的問題，那麼就必須針對內容上的困擾做處理。

　　在此，有幾種處理方式：第一種就是根本不談，直接避開這樣

的議題；第二種就是雖然談論這樣的議題，但是態度上客觀，根本就不介入。就第一種方式而言，這樣做的結果一定會遭受社會的詬病。因為，生命教育開設的目的就在於解決青少年的不倫、自殺問題。現在，為了死亡禁忌的因素，根本就不談論與死亡有關的問題。那麼，這樣的生命教育如何可能解決上述的問題？既然不能解決上述的問題，那麼開設這樣的課程就沒有意義。所以，為了避免發生這樣的質疑，無論如何都不能採取第一種方式。

　　既然不能採取第一種方式，那麼剩下的就只有第二種，就是有關死亡問題的談論是無法避免的。在不可避免的情況下，我們要怎麼談才能避開死亡禁忌的困擾？表面看來，這樣的避免似乎不可能。因為，只要談了就會受到死亡禁忌的困擾。可是，只要我們回想過去的道德教育，就會發現要解決這樣的問題還是有一線曙光的。那麼，這線曙光在哪裡？簡單來說，就在態度的客觀上。只要我們在態度上客觀，那麼就沒有介入的問題。既然沒有介入，那麼和談論議題有關的內容就不會影響我們。這麼一來，我們所擔心的死亡禁忌的影響就不會出現。在這種情況下，我們就可以安心地談論[3]。

　　在這樣的處置方式下，我們不僅在名稱上避開了死亡禁忌，而且在內容上也避開了死亡禁忌。這樣做的結果不但可以降低社會的阻力，也可以讓學生順利地接受生命教育的洗禮。對當時承諾要解決青少年的不倫、自殺問題的官員而言，這樣的結果是最好的，也是最能讓社會大眾滿意的。這麼說來，生命教育的推動就應該很順利才是。可是，事情並沒有表面看的那麼簡單。因為，在名稱和內容上避開死亡禁忌的困擾是一回事，是否可以解決青少年不倫、自殺的問題則是

---

[3] 對於這個問題，個人有很深的體會。個人曾經擔任過南華大學生死學研究所第二任所長，當時雖在號稱研究生死領域的研究所，但無論是自己或他人基本上都以觀念研究為主，不太願意具體接觸死亡，甚至於碰觸自己本身對於死亡的想法與感受。

另外一回事。如果希望能夠順利解決青少年的不倫、自殺問題,那麼就必須深入生命教育本身,看生命教育有什麼樣的正面內容可以化解這樣的問題。

三、生命教育的意義與省思

從上述的探討可知,生命教育是要解決青少年不倫、自殺的問題。雖然如此,在死亡禁忌的干擾下,生命教育在名稱上不能直接碰觸這樣的禁忌。就算在內容上不得不碰觸這樣的禁忌時,也要透過客觀化的態度處理來化解這種碰觸所帶來的可能困擾。問題是,這樣做的結果要如何說服社會大眾生命教育是可以解決青少年的不倫、自殺的問題?

表面看來,這樣的解釋無論如何也無法說服社會大眾生命教育可以解決青少年的不倫、自殺問題。實際上,結果也沒有那麼絕望。因為,青少年的不倫、自殺問題雖然和死亡有關,但也和生命有關。如果不是青少年對於生命的觀念出了問題,那麼就不會有不倫、自殺問題的發生。由此可見,青少年的不倫、自殺問題是可以和生命有關的。

現在,為了更清楚彼此的關聯我們做進一步的說明。在此,先分成兩個問題來處理:第一個就是不倫的問題;第二個就是自殺的問題。先就第一個問題來看,不倫的問題是來自於道德上的不正確。如果青少年對於道德的認知是正確的,那麼就不會有不倫的問題發生。倘若他們的認知不正確,那麼自然會發生不倫的問題。所以,為了避免不倫問題的發生,生命教育一定要傳遞正確的道德觀念給青少年,否則在觀念不正確的情況下,青少年就算想要避免不倫也是不可能的事情。

可是,問題有沒有表面看的那麼簡單?如果有,那麼這樣做當然

可以解決問題。如果沒有，那麼就不可能解決問題。從事實來看，並沒有表面看的那麼簡單。因為，過去的道德教育我們不是沒有告訴學生正確的道德觀念。可是，告訴歸告訴，但顯然沒有辦法產生預期的效果，所以青少年才會發生上述的不倫問題。由此可見，只有單純地告知顯然是不夠的。

　　那麼，要怎麼做才可以解決問題？對他們而言，要找到答案不是一件很容易的事。因為在過去的經驗當中，我們唯一會做的事就是直接透過講授的方式把知識傳遞給學生，除此之外，我們並不知道還有什麼其他的管道。可是，在西方生命教育的引進過程中我們發現，在講授之外還有其他的管道，也就是體驗的管道。如果都只有講授，那麼學生可能會把講授的知識看成是與他無關的知識，既然和他無關，那麼他當然就不會想要去實踐這樣的知識，自然在不倫的問題上也就不會產生真正的限制作用。所以，為了避免青少年發生不倫的問題，我們需要從體驗的角度切入，讓學生對於道德的認知成為他自己的真知識，而不只是一個和他無關的知識。

　　為了達成這個目的，我們要從道德判斷出發。唯有從道德判斷出發，青少年才會發現這樣的判斷不是別人的判斷而是自己的判斷。如果不是這樣，那麼無論他接收多少的道德知識，他都會認為這只是他人的知識，和他一點關係都沒有。可是，現在透過道德判斷的教學方式，他不再是一個旁觀者，而是一個當事人。站在當事人的立場，當他在做道德判斷時，他就在模擬當時的情境。如果他不認為這樣做是不道德的，那麼在未來他就有可能出現不倫的行為。如果他認為這樣做是不道德的，那麼在未來他就不會出現這種不倫的行為。因此，透過這種道德判斷的演練，就可以設法導正青少年的不道德行為。如此一來，他們在未來就不會產生這樣的不倫問題。

　　當他們對於道德有了真切的知識和體會之後，他們在生命上就會出現正向的意義。對他們而言，不倫不只是一個不道德的問題，還

是一個對生命認識不正確的問題。如果我們對生命有了正確的認識，那麼一定不會出現類似不倫問題的不道德行為。倘若我們會有類似不倫問題的不道德行為，那就表示我們對於生命的認識是不正確的。所以，從這一點來看，不倫的道德問題其實是來自於不正確的生命認知與意義。只要生命認知與意義正確，那麼有關不倫問題的不道德行為就不會有發生的可能。

其次，我們討論第二個就是自殺的問題。青少年之所以會出現自殺的問題，是因為對於自殺的道德因素沒有正確的認知。在認知不正確的情況下，他們就會在錯誤認知的誤導下選擇自殺。如果有正確的認知，他們就會知道自殺是不道德的、是錯誤的。只要我們加強這方面的認知，那麼他們在面對自殺的問題時就不會做出錯誤的抉擇。

表面看來，這樣的看法似乎沒有問題。因為，自殺的人的確對於自殺行為所帶來的道德後果沒有很清楚的認知，否則他們不會做這樣的選擇。可是，只要我們深入了解，就會發現事情沒有表面看的那麼簡單。實際上，一個人想要自殺，不見得不清楚自殺所帶來的道德後果。就算是已經清楚知道後果，他還是選擇自殺。之所以如此，可能不是他不知道這些後果，而是他對這些後果無法感同身受。理由很簡單，因為他在接受這些知識時是站在客觀的立場，把它看成是別人的知識，與他無關。現在，如果我們希望這樣的道德知識可以產生效果，那麼就必須讓他感同身受認為這樣的知識與他有關。要這樣做，那麼就必須讓他體會到這樣的知識是由他自己判斷出來的，而不是由別人教授的。唯有如此，這樣的道德知識才能產生節制的力量。否則，就算他懂得再清楚，也無法防止他的自殺。

由此可見，道德知識的真實體會是有可能防止青少年發生自殺行為的。可是，這不只是道德知識而已，它還和生命有關。如果對於生命沒有正確的認知與意義，那麼這樣的道德知識就不會出現，更不用說產生節制的作用。倘若我們對於生命有正確的認知與意義，那麼

這樣的道德知識不僅會存在，也會產生引導的作用。這麼一來，在生命的正確認知與意義的引導下，就不用擔心青少年會有自殺問題的發生。

　　經過上述的探討，青少年之所以會有不倫、自殺問題的出現，表面看來是和道德因素有關。不過，只要再深入了解，就會知道這樣的因素不只和道德有關，更和生命有關。如果不是對生命的認知與意義出了問題，說真的青少年的不倫、自殺問題是不會出現的。如果我們沒有正確地針對生命認知與意義的問題做出回應，那麼有關青少年的不倫、自殺問題還是會層出不窮。就是基於這樣的思考，所以在決定生命教育的方向時，就把生命意義與認知的重建當成是主要的方向，進一步賦予西方生命教育有關尊重生命的理念更深的涵義。

　　在確認生命教育的初步意義之後，我們進一步省思這樣的意義。根據上文的敘述，對於生命教育的這種認知似乎可以解決青少年的不倫、自殺問題，可是，經過這麼多年的實踐，我們發現這樣的意義理解似乎沒有表面看的那麼有效。之所以如此，是因為過去對於生命教育的認知主要集中在生命認知與意義的重建，希望藉著這樣的重建讓青少年有一個正確的生命價值與意義。問題是，就算青少年對於生命擁有正確的價值與意義，也不表示他們在面對死亡的問題時就可以免除自殺的威脅。

　　為什麼會這麼說呢？是因為過去在面對死亡時總認為只要對生命有正確的知識與作為，那麼死亡的問題自然可以迎刃而解。不過，在有了生死學的研究之後，我們開始發現過去的想法是不足的，不見得對生命有正確的知識與作為就足以化解死亡的困擾。實際上，當生命在遭遇死亡的問題時，這時還有其他的問題需要處理，不是單純處理生命的問題就夠了，還要進一步處理死亡的問題。由此可見，傳統對於善吾生就可以善吾死的看法是不夠的，還需要進一步思考生命與死

亡的關係[4]。

　　就我們所知，傳統認為生命是否完成的關鍵在於生命本身。只要我們對於生命擁有正確的認知與意義，那麼在生命結束的時候生命自然就可以完成，不需要再考慮其他的問題。可是，這樣的思考是正確的嗎？的確，古代有一些人真的可以貫徹他們對於生命的信念，即使在遭遇死亡的考驗時，他們依舊可以堅持到底不受影響。問題是，不是每一個人都可以這樣堅持到底不受影響，相反地，一般人在遭遇死亡的考驗時他們是會隨時改變的。除非在此之前，先讓他們對於死亡存有概念，了解死亡是怎麼一回事，在這樣的認知下，他們在面對死亡的考驗時才會有能力通過死亡而不會有不好的結果。否則，在不了解死亡的情況下，要他們不變地面對死亡的考驗是不可能的。

　　如果上述是正確的，那麼在談論生命教育時我們就不能只停留在生命的敘述上，而必須進入死亡的部分。關於這一點，推動生命教育的人也有所認知，只是他們在談論死亡時不是把重心放在死亡意識的培養上，而是放在死亡知識的客觀介紹上。那麼，他們為什麼會這麼認為呢？這是因為他們認為一個人之所以會自殺，主要在於缺乏對死亡的認知。因此，為了避免發生自殺事件，我們需要提供有關死亡這方面的知識。

　　例如有關死亡的態度，他們希望學生能夠了解死亡的態度，認為學生之所以會自殺，是因為他們對於死亡採取逃避的態度，既然這樣，他就不可能去面對死亡，當然對死亡也就不了解，以為死亡就像電動遊戲那樣，只要按個開關就可以重新開始。在此，為了讓學生了解死亡是不可逆的，所以我們必須讓學生面對死亡而不是採取逃避的

---

[4] 這種想法源自於過去莊子的一個說法，就是「善吾生者，善吾死」。同時，也是整個傳統的一個看法。但是，今天在生死學的衝擊下，也在人類歷史經驗的見證下，我們發現問題沒有那麼簡單，中間似乎把死亡的影響看低了，所以才會有知而無法行的結果出現。

態度。不只如此，在面對死亡之後，如果還是採取負面的態度，那麼這對生命而言是不健康的。因此，為了讓他們可以健康的面對死亡，還需要進一步輔導他們，讓他們在面對死亡時有一個正確的態度。

同樣地，當我們在介紹死亡的意義時，不是直接告訴他們與自殺有關的死亡意義，而是客觀地介紹死亡的意義，讓學生了解死亡的意義是什麼。如死亡就是一種生理活動的停止，在停止的時候生命出現不可逆轉的現象，即使我們設法挽救，也不可能讓亡者重新回來。此外，也介紹死亡的其他意義，像宗教的意義，認為死亡是陽壽已盡的結果，否則人是不會死的。既然陽壽已盡，我們就不要再多費心思想要挽回亡者的生命。在此，他們雖然介紹各種死亡的意義，但基本上還是以科學的意義作為最後的標準。對他們而言，強調科學意義可以讓學生了解死亡的不可逆，由此使學生不會輕易產生自殺的念頭。

此外，他們還進一步介紹死後歸宿的問題，他們很清楚自殺還會跟死後歸宿有關。如果學生對於死後歸宿不了解，那麼他們就會產生錯誤的聯想，誤以為死後的世界就像他們所想的那樣，因而採取了錯誤的做法。因此，為了避免出錯，我們必須在生命教育當中讓他們了解死後歸宿的正確答案。那正確答案是什麼？是科學。如果我們提供科學的答案，學生就會清楚死後只能化為塵土，那麼在選擇自殺時就必須心裡有數，不要等到自殺以後才想要重新再來，一切為時已晚。雖然也介紹宗教對於死後歸宿的看法，但基本上還是以科學作為最後的衡量標準。

可是，這樣的介紹夠不夠客觀是需要檢討的一個問題。所以，後來在推動生命教育時就不只採取客觀介紹的做法，而改採體驗的做法。之所以如此，是因為他們發現客觀介紹的結果無法讓學生對於死亡產生具體的感受，那就表示這樣的知識根本沒有真正進到學生的心中，一旦發生死亡的問題，就很難避免自殺事件的發生。因此，我們需要讓學生擁有具體的感受。

　　就是這樣的考慮，讓死亡在生命教育中不再只是一種抽象的介紹，而是一種具體的感受。問題是，要怎麼做才能讓這種具體的感受出現？對他們而言，做純粹觀念的介紹是不夠的，那還有其他的可行方式嗎？還有一個就是殯葬設施的參訪。對他們來說，參訪殯葬設施就不是抽象的說明，而是具體的介紹。因為，殯葬設施即是死亡的具體表達，一切有關死亡的事務都會在這裡得到處理。無論我們怎麼看待死亡，在這裡都會被具體地對待。由此可見，如果希望對死亡能有具體的感受，那麼在參訪殯葬設施時就可以感覺得到。

　　問題是，這樣的目標是否真的可以在殯葬設施的參訪中被達成呢？說真的，我們抱持懷疑的態度。那為什麼我們會抱持懷疑的態度呢？難道殯葬設施的參訪還不夠具體，還有比這更具體的方式嗎？實際上，除了殯葬設施之外就沒有更具體的死亡體驗方式。所以，問題不是出在殯葬設施本身，而是對於殯葬設施體驗的方式。例如參訪殯葬設施，在參訪過程中我們的確看到了處理死亡的過程。那這樣的處理到底只是一種處理他人死亡方式的客觀展示，還是這種處理其實預期地就是有關自己死亡的處理？說真的，很難在此得到一個分辨。事實上，根據多年帶學生參訪殯葬設施的經驗，這樣的體會通常都是與他人死亡有關的處理，而不是與自己死亡有關的處理[5]，因此，很難形成我們所要的主體體驗的感受。

　　如果真的希望在參訪殯葬設施時讓學生具體地體會到死亡，那就不能只採取單純參訪的做法，因為會受到現有殯葬設施的限制。倘若參訪的殯葬設施已經十分老舊、落伍，那麼參訪者就會對這樣的處理方式產生反感，甚至於出現逃避的態度。如此一來，可能就不會是我們所要的面對態度，而是我們所不要的逃避態度。一旦出現逃避的態

---

[5] 吳秀碧，《生命教育理論與教學方案》（新北市：心理出版社股份有限公司，2006年1月），頁184-185；287-290。

度，那麼對於死亡就不會有正確的理解，也就沒有能力面對自殺的複雜問題。同樣地，如果殯葬設施十分新穎、先進，他們就會認爲死亡在這種新穎、先進的環境下獲得妥善的處理。雖然這樣的理解並沒有錯，但這樣理解的結果得到的還是有關他人死亡的體驗，而不是自己的體驗[6]。對生命教育而言，這樣的體驗還是不夠的，我們需要做進一步的討論。

那要怎麼做才能產生我們所要的體驗呢？在此，就要回歸到我們自己的需求。今天，如果不是自己，那麼對於死亡就不會有什麼特別的要求。因爲，死的是別人，被處理的也是別人，和我們一點關係都沒有，在這種情況下，要怎麼處理和我們完全沒有關聯。可是，現在死的不是別人而是自己時，我們就會開始想到自己的需求如果沒有被滿足，那麼我們就沒有辦法接受這樣的死亡。同樣地，在面對自殺問題時，我們談論的不是別人而是自己的死亡，這時，如果是我們無法接受的死亡，那麼就不會選擇自殺的方式。除非這樣的死亡是我們可以接受的，我們才會選擇以自殺作爲手段。這就是爲什麼過去在談論死亡時會有重於泰山輕於鴻毛的說法。

既然如此，這就表示死亡不是客觀地死亡，而是主體地死亡。那麼，在談論生命教育時就不能只停留在客觀談論的階段，而要進入主體體驗的階段，讓生命教育可以眞正進入到我們的生死之中。我們也不可以只談論生命的價值與意義的重建問題，還要進一步談論死亡價值與意義的重建問題。只有同時談論生命與死亡兩種價值與意義的重建，生命教育的意義才能完整呈現。否則，像過去那樣只談論生命價

---

[6] 因爲只是參訪設施，看到的只有表面的呈現。表面好，印象就好；表面不好，印象就差。實際上，所產生的效果沒有那麼大。爲了擴大效果，就需要加入分享的作爲。可是，分享歸分享，如果分享的人對殯葬是不了解的或了解得不正確，那麼這種分享就是有問題的。所以，對設施參訪就算有體驗、有分享，甚至於有反省，這些作爲都不見得可以產生我們想要的效果。

生命教育研習手冊

値與意義的重建，這樣是無法眞正解決青少年不倫、自殺的問題。唯有同時談論生命與死亡的價值與意義的重建，這樣才有可能眞正化解青少年的不倫、自殺問題。

四、殯葬的意義與省思

根據上述的探討，我們知道殯葬設施參訪的目的在於讓學生對死亡產生具體的感受，爲了達到這個目的，不能只是單純地參訪殯葬設施，而要設法讓自己融入這樣的死亡處理當中，讓自己產生主體體驗的感受。問題是，要做到這一點不是只有參訪殯葬設施就可以達成，還要對殯葬處理的了解。如果我們對於殯葬處理是這樣了解的，那麼就會接受這樣的處理方式。如果不是，那麼也就不會接受這樣的處理方式。所以，爲了了解我們對於殯葬的認知有沒有問題，需要進一步探討殯葬的意義。

那麼，一般對於殯葬是怎麼了解的？就我們所知，一般多是把殯葬看成是有關後事處理的作爲。本來，這樣的了解也沒有錯，因爲，殯葬確實是爲了處理後事才存在的。可是，只用這種方式來了解殯葬就會有問題，最主要的理由是，這會讓殯葬作爲只成爲後事的處理。不過，殯葬不只是這樣，那麼用這種方式了解的結果就會出問題。例如我們把殯葬看成只是後事的處理，那等到死亡來臨時再準備就可以了，平時根本就沒有準備的必要。而且即使平常遇到殯葬事務也不會想要去接觸，更不用說去了解相關的意義了。如此一來，等到哪天死亡眞的來臨時，當事人除了等著被處理之外就不能有其他作爲了。可是，對我們而言，我們不是被處理就好了，實際上，對於殯葬我們是有自己要求的，如果不能滿足我們的要求，就會認爲自己死得不好。如果可以滿足自己的要求，就會認爲自己死得很好。因此，爲了希望自己可以死得好而不要不好，現在才有殯葬自主權的推動，希望一般

150

人在平常就可以接觸殯葬的事務，甚至於了解殯葬的事務，等到有一天死亡來臨時，才有機會把後事辦得就是自己想要的那樣，而不會沒有機會表達自己對於後事處理的想法[7]。

　　除了上述的考量，更重要的是，就算大家平常都對殯葬有所了解，但如果了解得不正確，那麼對於我們後事的處理就不見得會有多大的幫助。相反地，可能會對我們的後事處理產生干擾的作用。所以，如果希望這種了解對於我們的後事處理可以產生正面的幫助，那麼就必須先行確認這樣的了解是正確的。在此之前，我們也必須先確認一般人對於殯葬的認知是什麼，再進一步省思這樣的認知有沒有問題，最後才能確認哪種才是對殯葬的認知是正確的。

　　在此，我們先了解一般人對於殯葬的認知。就我們所知，一般人對於殯葬是根據傳統的認知。他們為什麼要根據傳統的認知？是因為如果他們不根據傳統的認知，那麼就不知道應該根據什麼來認知，畢竟殯葬和其他領域不同，其他領域可以擁有經驗，而殯葬是不能擁有經驗的。通常如果要有經驗，那麼就表示必須進入死亡的境地。問題是，如果他真的進入了死亡的境地，那麼他就沒有回來的可能，這樣對於死亡的經驗也就失去了意義。因此，除了訴諸傳統就不能有其他的選擇了。

　　可能有人會說，選擇宗教的處理方式也可以。其實，這和上述的說法並沒有太大的差異。因為，宗教的處理也和傳統處理一樣，都只是另外一種傳統而已。最主要的理由是，這些宗教的體驗一樣都不能驗證，正如上述傳統所說的那樣。雖然這些宗教會說這是透過它們教主的體驗，但基本上這些體驗一樣都無法得到經驗的證實。因此，沒有人可以說這些宗教的作為一定是對的或是好的。唯一能夠採取的

---

[7] 尉遲淦，《禮儀師與生死尊嚴》（臺北市：五南圖書出版股份有限公司，2003年1月），頁87-91。

態度就是全部相信，要不然就全部不相信。除此之外，別無他法。以下，我們舉一些例子說明。

例如對佛教而言，它認為人死之後會有一個輪迴和一個解脫的世界。如果有人不想繼續待在輪迴的世界，那麼在活著的時候他不僅不可以造業，在死亡的時候他也必須能夠放下所有的執著。如此一來，他才有機會從輪迴之中解脫。否則，在無法掙脫業力束縛的情況下，他是不可能解脫成佛的。但對一般人而言，他們不認為有能力在這一輩子解脫成佛，因此，他們所奢求的就是下一輩子輪迴轉世時可以到比較好的地方，如天道、人道或阿修羅道等三善道，而不是地獄道、惡鬼道或畜生道等三惡道。

可是，他們認為自己這一生所做的修行或許還不夠，如果單靠自己的能力，下輩子是否可以投胎轉世到比較好的地方，說真的，他們也沒有把握。這時，佛教就提供一套協助殯葬的做法，讓他們有機會可以完成心願。例如在臨終時提供助念的做法，讓他們在死亡來臨時有機會可以使神識早一點脫離身體。在進入中陰身的狀態時，佛教也提供超渡的做法，讓中陰身有機會早一點投胎轉世到他們想去的地方。

對一個不相信佛教的人而言，以上所提供的殯葬協助可能都只是一種迷信的做法。可是對一個虔誠的佛教徒而言，所提供的殯葬協助都是真實有用的。如果有人不相信這些協助的效用，那麼他們會認為這些不相信的人其實是沒有福報的，因為，這正足以證明他們的福報不足，而不是他們的想法才是對的。從這一點來看，如果要那些相信的人拿出證據來，他們就會說這是個人修行與業力的問題。只要個人修行足夠，不受業力太多的束縛，那麼就可以從個人死後身體的變化看出個人死後的去處。同樣地，如果個人修行不足，受到業力太多的牽扯，那麼也可以從個人死後身體的變化看出個人的去處。但是，這些變化對於不相信的人而言也有不同的解釋，就像身體在死後會出

現的自然變化。如此一來，最後的結果就變成信者恆信，不信者恆不信，沒有一個決定性的客觀證據可以作爲最後的判準。

　　同樣地，對基督宗教而言，人死後不是再次輪迴轉世，而是要接受上帝的審判。如果上帝（天主）認爲他應該進入天國（天堂），那麼他就可以進入天國（天堂），從此以後，他就可以享受永恆的生命。如果上帝（天主）認爲他應該下地獄，那麼他就只能下地獄，從此以後，他就遭受永世的毀滅性懲罰。

　　那麼，他要怎麼做才能避免永罰的惡果而獲得永恆生命的賞報？對基督宗教而言，要做到這一點就必須虔誠自己的信仰。無論在任何情況下，一切都必須以主爲依歸。如果可以做到這一點，那麼他在死後就有機會回到主的懷抱。相反地，如果沒有辦法做到這一點，那麼他在死後就不會有機會回到主的懷抱。所以，一個人死後是否可以獲得永恆的生命，關鍵就在於他生前的信仰是否虔誠。不過，在此有一點需要注意的，對於基督宗教而言，這種信仰的虔誠度不是人可以判斷的，而是上帝（天主）才有能力判斷。因此，我們不能只從人的角度就自認爲誰是虔誠的，誰不是虔誠的，而要靜待上帝（天主）的審判。

　　根據這樣的了解，他們在殯葬處理上就不像佛教那樣，認爲人死後人還可以藉著助念和超渡幫忙，讓亡者的死後際遇可以改變。對基督宗教而言，人死後的際遇只能由上帝（天主）決定，人是不能任意介入的。既然如此，在殯葬處理上就不再把重心放在亡者身上，而改放在信仰的虔誠上，讓生者可以透過宗教的追思禮拜或彌撒虔誠他們的信仰。

　　可是，這樣的說法到底對不對？對那些相信它的人，這些說法是正確的。但對那些不相信它的人，這樣的說法就不見得是正確的。那麼，它之所以正確的根據是什麼？對那些相信它的人，這個根據就是上帝（天主）的啓示。只要我們相信上帝（天主）的啓示，那麼就會

知道這樣的說法是正確的。不過,對於那些不相信它的人,這樣的說法不具有說服力。因為,他們沒有感受到上帝(天主)的啟示。如此一來,結果又變成信者恆信,不信者恆不信的困境。

這麼說來,殯葬都是非理性的處理。其實,也未必全然如此。之所以這樣,是因為選擇的人只訴諸於信任或信仰而不再有其他的理解。實際上,這些選擇也可以有理性的成分。所謂的理性成分就是讓整個選擇可以變得合理。如果我們的選擇根本就沒有理由,那麼這種選擇當然是非理性的。可是,如果我們的選擇是有理由的,那麼這種選擇當然是理性的。所以,一個人的選擇可以是理性的,也可以是非理性的,關鍵就在於他的選擇到底是有理由還是沒有理由。

無論一般人的選擇如何,現在先來了解他們對於殯葬的認知。就我們的了解,一般的認知就是把殯葬看成是孝道的實踐。為什麼他們會有這樣的看法呢?除了傳統的影響之外,他們在後事的處理上也真的是在做這樣的實踐。基於此,我們就不能說他們對於殯葬的認知是沒有根據的。實際上,他們對於殯葬的認知就在實踐中被印證了。話雖如此,不表示這樣的認知就完全沒有問題。因為,實踐所得到的結論未必就是真正的結論,那麼我們憑什麼做出這樣的判斷?在此,我們判斷的根據就是來自於詮釋的考慮。就我們的了解,不同的詮釋就會有不同的理解,而不同的理解就會有不同的認知。因此,對於殯葬的不同詮釋會影響我們對於殯葬的認知[8]。如果我們對於殯葬詮釋得太淺,那麼在理解上就會認知的比較淺。如果我們對於殯葬詮釋得比較深,那麼在理解上就會認知得比較深。由此可知,對殯葬詮釋的深淺會影響我們對殯葬認知的深淺。

---

[8] 尉遲淦,〈從儒家觀點省思殯葬禮俗的重生問題〉,「儒學的當代發展與未來前瞻——第十屆當代新儒學國際學術會議」(深圳:深圳大學,2013年11月),頁959-962。

　　那麼，一般人對於殯葬的了解問題到底出在哪裡？根據我們的研究，問題在於認知的太淺。對他們而言，他們只從表面上看殯葬，從來就沒想要對殯葬做更深入的了解。之所以如此，主要是來自於對死亡的禁忌。在死亡禁忌的影響下，除了接受殯葬是處理死亡、實踐孝道的認知外，就不想有更多的了解，擔心如果了解過多不知會有什麼不幸的後果發生。至於認知過多是否真的會有不幸的後果發生，他們就不去深究了。問題是，只把殯葬當成是處理死亡、實踐孝道的認知是否就夠了呢？他們並沒有進一步的想法。如果這種把殯葬當成是死亡處理、實踐孝道的認知是正確的，那麼對於這樣的理解我們就無話可說，就算想勉強說些什麼也沒有意義。可是，如果這樣的理解是不正確的，而我們卻勉強說它是正確的，那麼我們就必須提出進一步的批評，避免這樣的理解影響我們對殯葬的正確認知。以下，對於這個問題需要做進一步的反省。

　　就我們的了解，這樣的理解是有問題的。那問題出在哪裡？從表面來看，殯葬確實是實踐孝道的作為。就是這樣，所以無論亡者生前所信仰的是什麼，只要他死了，他的孩子想要表現孝道，那麼他們就會想方設法用他們自己的信仰為亡者舉行宗教告別式。至於所選用的宗教告別式是否就是亡者生前的信仰，那就不重要了。但如果沒有用他們自己所信仰的宗教為亡者送別，那麼就會認為自己沒有善盡孝道。受到這種觀念的影響，目前臺灣不斷呼籲家屬要尊重亡者生前的信仰，讓亡者死得有宗教的尊嚴。

　　以下，我們舉個例子說明。例如一個人他生前信仰佛教，但是他的子女信仰的卻是基督教，有一天這個人死了，那麼在辦後事時他的家人會如何決定？先不管這個人生前有沒有交代，在後事的處理上通常我們都會依據家屬的交代來辦理。這時，如果家屬對於亡者生前的宗教不滿意，認為這樣的宗教是有問題的，那麼在亡者的後事處理上就可能會以自己的宗教為主為亡者辦後事，認為這樣才是對亡者最好

的，也才是爲人子女應有的孝順表現。如果他們沒有做到這一點，那就表示沒有盡到應有的孝道。至於這樣做對於亡者到底是不是最好的選擇，他們就不做進一步的考慮。

問題是，如果不考慮亡者生前的信仰，而只是考慮家屬自己的信仰，那麼這樣的決定後事眞的對亡者會比較好嗎？就我們的了解，對亡者不見得就會比較好。因爲，無論亡者生前的信仰是否眞的有問題，至少他信了一輩子，對他而言，這樣的信仰是他生命的歸宿。如果沒有按照這樣的信仰來爲他送別，那麼就算送的方式再好，也無法讓他眞正地領受到，那這樣的送就沒有意義。眞正對他有意義的，實際上就是他生前所信仰的，只要是他所信的，那麼這樣的送他才能眞正地受用，也才能讓他有機會到他眞正想去的歸宿，否則，最終他可能就會淪落無處可去的窘境。對於這樣的問題，是需要做進一步思考的，這也就是爲什麼政府近年來一直在強調尊重亡者生前信仰的理由所在。

基於這樣的反省我們發現，只有孝道的實踐似乎不是殯葬本身的完整意思。如果這是殯葬本身的眞諦，那麼亡者就會變成孝道實踐的工具，而沒有辦法變成整個後事處理的主角。事實上，今天之所以會有殯葬的出現，不就是爲了處理亡者的後事嗎？既然如此，當然不能只把重心放在孝道的實踐上，更要注意到亡者的需求，讓亡者可以得到妥善的對待。爲了達到這個目的，我們就會看到傳統禮俗在安排喪事的時候，不是只強調家屬服喪的作爲，更強調亡者的歸宿。藉由亡者與生者問題的解決，來解決家的傳承問題。以下，我們從傳統禮俗所安排的內容進一步說明這樣的意思。

首先，我們從臨終的作爲談起。在人還沒有死亡之前，傳統禮俗就開始安排與傳承有關的儀式。在這個儀式中，人的死亡是有一定的場所，不能任意地死亡。如果死的時候是在睡覺的寢室，那麼這樣的死亡就不是死在正確的場所，也就算不得是善終。如果希望死得

善終，那麼就必須死在正確的場所，對傳統禮俗而言，死亡的正確場所就是正廳。為什麼傳統禮俗會認為是正廳呢？這是因為正廳供奉著祖先與神明。當人臨終時，就要從睡覺的寢室移鋪到正廳的水床上，藉著搬鋪的儀式，家人要與臨終者見最後一面，同時交代遺言。這裡所交代的遺言不是別的，就是家的傳承遺言。為了讓這樣的遺言具有客觀性、公正性，所以需要祖先與神明的見證。不僅如此，還要有家人的承諾，表示這樣的傳承後繼有人。除此之外，臨終者在平常就要把這樣的傳承工作妥善做好。唯有如此，在祖先與神明、家人與臨終者三方面的合作下，家的傳承任務才能順利完成。倘若在傳承過程中缺乏任何一方的配合，那麼這樣的傳承任務就沒有辦法順利完成。所以，對傳統禮俗而言，傳承任務不是在死後才開始，而是在臨終時就開始。如果要講得徹底一點，那麼這樣的傳承任務從活著時就開始。

　　其次，我們進一步討論殮的作為。在殮的過程中，我們會有手尾錢的儀式。在這個儀式當中，我們不僅拿了亡者的錢財，還藉著這個錢財的拿取，象徵著我們傳承了亡者的財產。這個象徵代表的是什麼？表面看來，這代表的是對於亡者錢財的傳承。實際上，這個象徵傳承的不只是亡者的財產，而是整個家的財產。因為，亡者的財產也是來自於這個家。所以，這樣的傳承不是只是傳承自亡者，也是傳承自整個家。就是這樣的傳承動作，家的財產就以整體的方式繼續傳承下去。不過，這樣的傳承不只是原封不動地傳承，還有進一步發揚光大的要求，整個家才有發展的希望。否則，如果傳承財產只是原封不動地傳承，那麼這樣的傳承對於家就不能產生發展的作用。

　　接著，我們進一步討論殯的作為。在殯的過程中，除了有點主儀式外還有封釘的儀式。本來，在土葬的年代，點主的儀式是在葬的階段才舉行。現在，由於採取火化塔葬的做法，所以點主儀式只好挪到殯的階段舉行。在舉行儀式時，魂帛由亡者的後代背負在身後用手捧著。此時，魂帛中的主字還只是寫成王字，代表亡者的魂還沒有進到

魂帛之中，那就表示亡者的魂還沒找到可以憑依的地方。為了讓亡者死後的魂有個暫時的歸宿，傳統禮俗就利用點主儀式完成這個任務，而點主儀式必須由點主官來主持。為什麼要這樣做呢？目的有二：一個是用社會的力量監督家屬，讓他們必須確實地傳承這個家；一個是利用點主官的成就，要求家屬未來也必須有類似的成就。經由這樣的過程，亡者的魂不僅可進到魂帛之中，家屬也用行動做出了傳承的承諾。

不僅如此，在封釘的儀式中也看到類似的作為。表面看來，封釘儀式似乎是為了封棺所採取的作為。但除了封棺的作用之外，其實它還有更重要的象徵意義。對亡者而言，封棺不代表他從此就和人間不再有關聯，實際上，這樣的封棺動作只是表示他將傳承的棒子交給下一代。因此，在封釘的儀式中，除了四支要封棺木的釘子以外，還有第五支的小釘子。這支小釘子不是要釘死在棺木上，而是淺淺地釘在棺木的前面部位，但又不能直接釘在亡者額頭的正上方。如果亡者的後代平常就很孝順，那麼釘釘子的人就會輕輕地釘在棺木上，當長子去咬這支釘子時，由於釘得淺，那麼他很容易就可以咬得起來。如果亡者的後代平常不是很孝順，那麼釘釘子的人就會故意釘得比較深一點，那麼他在咬釘子時就很難咬得起來，這時就受到了懲罰。一旦釘子被咬起來以後，長子必須將釘子放入擺放亡者魂帛的豐斗之中，表示他已經完成這樣的傳承任務。否則，在沒有咬子孫釘和放入豐斗作為的配合，那就不算是完成了傳承的任務。

到了葬的階段，我們在返主儀式中也看到了類似的作為。當我們將亡者的遺體埋葬或火化之後，並不是這樣就結束了整個殯葬的處理。實際上，如果我們就這樣結束整個殯葬的處理，那麼我們所處理的只是亡者的遺體。除非我們認為亡者只有遺體，否則在處理時就不可能只停留在這個階段。何況，對古代人而言，人除了代表身體的魄以外，還有代表精神的魂。因此，就土葬而言，在埋葬魄以後，魂也

需要進一步安頓，否則魂將無所依歸。同樣地，就火化塔葬而言，在火化魄以後，還要將魄送進塔中，讓魄得到安頓。接著魂也必須進一步得到安頓，否則，魂將無所依歸。

那麼，魂要如何安頓？對傳統禮俗而言，安頓魂的方式就是舉行返主儀式。如果沒有舉行返主儀式，那麼亡者的魂在無所依歸的情況下，只好變成孤魂野鬼到處漂泊。現在，舉行了返主儀式，亡者的魂帛終於可以在長孫所捧的斗中坐著魂轎回到家中，將魂帛安放在靈桌上，再由長子主奠行上香禮為亡者安靈。等到滿七之後，去掉靈桌，再將亡者的魂帛及香爐供奉在祖先牌位的左側。到了對年或三年，藉由合爐的儀式再將亡者的姓名寫進祖先牌位，表示亡者已經成為祖先。這時，再將亡者的魂帛化掉，香爐去掉，如此一來，整個傳承任務大致已經完成。

不過，這樣的完成只是表示亡者已經成為祖先，卻沒有表示這樣的完成可以持續下去。對傳統禮俗而言，這樣的傳承不應該只是到亡者成為祖先就停止了，還要進一步藉由祭的作為表示這樣的傳承持續在進行當中。唯有如此，亡者的傳承任務才算得到真正的完成。否則，就算亡者的魂帛可以回家，但回家之後卻沒有人供奉，那麼這樣的回家也不能算是真正完成了傳承的任務。真正完成傳承任務的作為，對傳統禮俗而言，就是在亡者成為祖先之後家人對他的供奉依舊持續不斷，也就是所謂的祭。在祭的活動中，我們才能看出傳承任務所開展的未來。

經過上述的說明，現在就可以對傳統的殯葬意義下一個簡單的結論：第一，表面看來，傳統殯葬是為了讓家屬實踐孝道所設計出來的，因此，在整個活動的過程中，處處可以看到傳統禮俗對於家屬實踐孝道的安排；第二，不過，這樣的安排只是傳統禮俗的一面，對傳統禮俗而言，這樣的安排不只是為了讓家屬實踐孝道而已，還希望藉著這樣的安排可以讓亡者成為祖先。如果不是為了讓亡者成為祖先，

那麼這種實踐孝道的安排就變得沒有意義，這樣的孝道實踐也就失去了它的目的；第三，當家屬可以圓滿實踐他們的孝道，而亡者也可順利成為祖先時，這個家的傳承任務才算圓滿達成。一旦圓滿達成了家的傳承任務，那麼這不只是社會的圓滿，也是道德的圓滿，更是永恆生命的圓滿。因為對傳統禮俗而言，只要家的傳承任務可以圓滿達成，那就代表現世的家與永恆的家合而為一的圓滿。

　　表面看來，傳統對於殯葬的看法似乎就是我們的看法，可是，只要思考得更深入一點就會發現，傳統對於殯葬的看法雖然言之成理，但這不代表就是最具有包容性的看法。因為，所謂的最具有包容性，除了要具有合理性的條件之外，還要具有最大的包容性，可以包容最大多數的殯葬看法，否則我們只能說它是屬於所有看法中的某一種看法。可是，對我們而言，既然在生命教育當中要讓學生擁有自己的選擇，就必須將所有可能的看法盡量地包容進入，這樣做的結果學生才能按照他們自己的選擇去了解殯葬。根據這樣的考量，所以在了解殯葬的看法上就必須找出最具有包容性的殯葬定義。既然如此，那麼在傳統看法之外還有什麼其他的看法？一般而言，原則上不是屬於宗教的看法就是科學的看法。當然，此處所指的宗教主要是以傳統所謂的宗教為主。因為，這些宗教在過去基本上都在安頓相信它們的人的生死，也在處理著它們的殯葬。至於科學雖然是現代新興的做法，但是隨著科學勢力的擴張，現代的年輕人愈來愈多相信這樣的看法與處理方式。所以，我們也需要將這樣的看法包容進來。以下，我們分別舉例說明。

　　在宗教的部分，我們舉出兩個不同的例子：一個是佛教，一個是基督宗教。之所以舉這兩個例子，表面上是因為這兩種宗教一個代表東方，一個代表西方；實際上，是因為一個認為人可以介入死後的世界，一個認為人不能介入死後的世界。由於這樣的差異性，讓我們了解原來宗教對於死後世界的介入也會有不同的看法。基於此，在殯葬

上就會出現不同的作爲，自然也會形成不同的形態。對於不同信仰的人，他們在實踐自己的殯葬看法時就會有不同的作爲選擇。在簡單了解爲什麼會選擇這兩種不同的宗教作爲代表之後，緊接著就可以進一步介紹這兩種宗教對於殯葬的看法。

　　第一個要介紹的就是佛教的看法。對佛教而言，殯葬的作爲不只是爲了實踐孝道。如果只是單純爲了實踐孝道，那麼這樣只對家屬有用，對亡者可說是一點幫助也沒有。因爲，家屬的實踐孝道只是讓家屬心裡有所慰藉，認爲自己盡了爲人子女該做的事情。可是，無論自己怎麼做，這樣的作爲還是與亡者無關。假使不希望這樣，除非在盡孝道的過程中，我們也可以對亡者做些什麼有幫助的事情。對佛教而言，這樣盡的孝道才會有實質的意義。否則，表面上看似孝順，實質上卻沒有產生孝順的效果，那麼就必須讓亡者死後的生命可以獲得確實的助益，也就是一方面要減輕亡者死後所受的痛苦，一方面要讓亡者有機會在投胎轉世時到更好的地方，擁有更好的下一世。爲了達成這個目的，佛教在殯葬的作爲上就會要求家屬以助念和超渡來幫助亡者。

　　爲什麼家屬的助念可以幫助亡者？這是因爲佛教認爲人死後神識要八到十二小時才會離體。在神識尚未離體時，這時神識會陷入離體的痛苦之中。所以，爲了讓神識可以順利離體，甚至於早一點離體，我們需要藉著家屬的助念來幫助亡者，使亡者有機會可以早一點進入中陰身的狀態。至於進入中陰身的狀態，並不表示死後的問題就已經全部解決，實際上，還有投胎轉世的問題。如果家屬對於亡者沒有提供協助，那麼亡者只能根據自己生前的業力決定應該投胎轉世到哪裡。這時，如果家屬可以協助其超渡，那麼亡者就會知道自己應該往哪裡走比較好，如此一來，亡者就不會處於驚恐與徬徨的狀態中，而可以清楚知道自己應該要去投胎轉世的地方，也有機會到比較好的下一世。所以，對佛教而言，殯葬不只讓家屬善盡孝道，也可以讓亡者

在家屬的協助下盡可能地到他可以去的比較好的地方。

　　其次，我們介紹基督宗教的看法。對基督宗教而言，它和佛教的看法不一樣。雖然它也認為家屬盡孝道是很重要的，但它不認為這種盡孝道的方式是可以對亡者產生死後的助益。因為，人死之後一切就都歸上帝（天主）管了，這時，人就沒有資格介入。就算想要介入，但由於能力不足的關係，這種介入也沒有意義，更何況死後的世界是由上帝（天主）主宰的，祂會根據判斷來決定。人如果這時想要介入，那麼就是一種僭越的行為。無論是對基督教或天主教，這種介入就是一種魔鬼的行為，也是一種無法得到寬恕的重罪。基於這樣的考量，所以基督宗教在殯葬處理上就不會介入到靈魂處理的部分，而只會限制在身體處理的部分。因此，基督宗教所辦的是有關遺體的喪事，至於靈魂的部分，它們就不介入了。

　　這麼一來，那靈魂不就沒人管了嗎？實際上，情況也不是如此。對基督宗教而言，有關靈魂的部分是屬於上帝（天主）的權限，要決定靈魂去哪裡是由上帝（天主）決定的。既然如此，亡者死後是上天國（天堂）或下地獄，這些都由上帝決定，與人無關。在此人唯一可以做的不是擔心亡者死後的去向，而是要擔心自己以後怎麼樣才有機會進入天國（天堂）而不會下地獄。為了達成這個目的，在人能夠做到的範圍內盡可能地虔誠自己的信仰，唯有如此，未來才有機會在死後回到主的懷抱，獲得永恆的生命。這就是為什麼人在死後會舉行追思禮拜或彌撒的理由所在，同時也清楚為什麼這不是為了亡者舉辦而是為了生者的理由所在。

　　經過上述的探討我們清楚知道，佛教和基督宗教對於殯葬的看法。對佛教而言，家屬可以有機會協助亡者的死後生命。至於基督宗教，則抱持相反的看法，認為家屬對於亡者的死後生命一點幫助都沒有。如果家屬想要對亡者死後生命有幫助，那這種想法就是一種僭越的行為，是不可取的。如果單從表面來看，要統合這兩種看法幾乎不

可能。可是，就算是這樣，還是需要盡可能地統整，否則有關殯葬就
會出現三種看法。除了上述兩種宗教的看法之外，還有傳統的看法。
這麼一來，我們對殯葬就不能有一個比較具包容性的看法出現。那要
怎麼做才能將這些看似相反的看法做進一步的統整？我們需要做更深
一層的反省。

　　首先，我們不能只停留在表面的看法。如果只停留在表面的看
法，就會發現傳統的看法是把殯葬看成是解決家的傳承的作為，佛教
是把殯葬看成是協助亡者有比較好的下一世或解脫成佛的作為，基督
宗教則是把殯葬看成是協助家屬虔誠信仰的作為。如此一來，這三種
看法永遠都沒有辦法得到進一步的統整。因此我們需要找出其中共同
的因素，讓這種統整成為可能。

　　其次，我們要怎麼找出這種共同的因素來統整這些不同的看法？
在此我們發現，這三種看法一致認為辦理喪事是需要家屬參與的，如
果沒有家屬的參與，那麼是辦不成喪事的。此外我們也發現，除了家
屬參與之外，也需要亡者的參與。如果不是亡者死亡了，那這樣的喪
事就不會有舉辦的可能，也不會有家屬的參與。因此，亡者的死亡是
整個喪事的核心，家屬則是協助這個核心的事情可以得到解決的配合
者。

　　最後，在確認這些共同因素之後，我們進一步統整這些不同的
看法。根據上述亡者與生者的結構，我們發現傳統認為生者的協助可
以讓亡者的傳承任務完整化，在傳承任務完整化的過程中，我們也發
現無論是亡者或生者兩者都是缺一不可的。不過，這種近似平衡的狀
態並沒有出現在佛教的看法中。對佛教而言，亡者本身的生前修行與
業力固然重要，但死後家屬的助念與超渡更是重要。如果家屬的助念
與超渡可以成功，那麼亡者就可以得到很大的助益，甚至於會出現解
脫的可能性。就這一點而言，佛教對於殯葬的看法無異是傾向家屬這
一端的。雖然如此，上述的看法只是天秤兩端比重的不同。至於基督

宗教那就更不一樣了。對基督宗教而言，亡者死後能不能到天國（天堂）或下地獄，除了要看他生前信仰的虔誠度之外，還要看上帝（天主）怎麼決定。至於家屬，無論採取何種作為，他們對於亡者的死後際遇一點幫助都沒有，唯一能夠做的事情，就是藉著追思禮拜或彌撒虔誠自己的信仰，讓自己有機會回到主的懷抱，獲得永恆的生命。所以，從這一點來看，生者與亡者的作為是不相干的，沒有天秤比較傾向哪一邊或維持平衡狀態的問題。

雖然如此，我們都可以看到這些同與異都和生者與亡者有關。今天，如果不是亡者死了，那麼生者也不會難過，也不會舉辦喪事。所以，這些殯葬的不同看法都是和生者與亡者的關係處理有關。既然如此，那我們就可以從這裡切入，看這些關係有何不同。就傳統的看法，生者與亡者是共同完成家的傳承任務；就佛教的看法，亡者是藉著生者的協助可以有一個比較好的去處，甚至解脫成佛；就基督宗教的看法，生者與亡者各自處理自己死後歸宿的問題。從這些不同的看法，我們可以了解對生者與亡者關係的不同處理。既然如此，我們可以暫時下一個結論：所謂的殯葬就是處理生者與亡者關係的不同作為，藉著這樣的處理不只安頓了生者也安頓了亡者。

在了解如何統整傳統和宗教的看法之後，還有一個需要加以統整，就是科學的看法。如果沒有把科學的看法納入，那麼對於殯葬意義的了解就不夠現代。因為，科學不只是現代的產物，更是現代的主流，倘若忽略了這樣的看法，就算我們統整了傳統和宗教的看法，這樣所產生的新看法也不能算是現代的看法。所以，如果對於殯葬的看法希望可以適用在現代，那麼就必須統整科學的看法在內。

那麼，科學是如何看待殯葬的？就我們所知，科學是以經驗的觀點來看這個世界。對它而言，唯一可驗證的就是這個世界，除此之外，就不知道還有什麼其他的世界了。根據這樣的思考，我們的生命也只有活著的這一段時間，一旦生命跡象停止了，人就代表了死亡。

在死亡的狀態下，人是不會有另外一個生命的。從這一點來看，對科學而言，人的生命只有一世，以外就不可能有其他的生命。換句話說，人死後不可能像傳統或宗教的看法那樣繼續存在。

　　既然人死後就不存在了，那麼對一個不存在的人辦喪事是否有必要？按照純粹科學的認知，的確沒有辦喪事的必要，因為他已經不存在了。就算想要辦，也不知道是為了誰在辦。這麼說來，對科學而言就沒有為亡者辦喪事的必要，但是，這是過於簡單的思考。雖然亡者已經不存在了，但是生者還在，他們對於亡者的死亡不是沒有感覺的。相反地，他們會對與亡者曾經有過的回憶產生傷心的反應。因此，為了平復這樣的傷心，還是需要為亡者辦喪事。只有經過喪事處理，生者才會對與亡者的過往釋然，否則，在沒有處理的情況下，生者會因著這一段過往而活得不好，無形中也影響了整個社會的安定。所以，為了安頓生者，在科學的看法中，我們還是需要用殯葬來處理亡者，不能把亡者只當成是一個已經失去作用的廢棄物。這就是為什麼在辦喪事時有人會用追悼會的形式來送亡者的理由所在。

　　根據這樣的了解，我們發現科學對於殯葬的看法和傳統及宗教的看法不一樣。對傳統和宗教的看法而言，無論它們之間有什麼不同，基本上都肯定人死後還有生命的存在，只是這樣的存在不一定是永恆的生命或解脫的生命，而可以是不斷輪迴的生命。不過，對科學的看法而言，這些對於死後生命的肯定都是有問題的，也是子虛烏有的，那在殯葬處理上就沒有所謂的魂、神識或靈魂的處理，唯一有的就是遺體的處理。既然如此，那麼殯葬就變成處理遺體的作為。

　　可是，即使這樣的看法可以言之成理，也不能只採取這樣的看法，因為還有其他的看法。因此，我們有必要把這些不同的看法做進一步的統整。唯有經過這樣的統整，才能說這樣的看法不僅是最具包容性也是最具現代性的看法。

　　從上述的探討可知，要統整這些看法必須找出它們的共同因素，

只有透過這些共同因素，才有機會統整它們。那麼，這些共同的因素是什麼？就我們的了解，可以包括遺體的處理在內。因為，如果沒有遺體，那麼在辦喪事時就不知道要如何才能辦得具體。所以，遺體的處理是一個必要的因素。不過，有人可能會說萬一沒有遺體時我們還可以這樣處理嗎？在此，我們可以用亡者的其他生前具有代表性的用品來替代，一樣可以辦喪事，衣冠塚就是一個典型的例子。除此之外，家屬的參與也是一個必要的因素。如果沒有家屬的參與，那麼這樣的喪事就沒有辦法辦下去。

　　基於這兩點考量，我們對於殯葬的看法就可以做進一步的統整。在這個統整的過程中我們發現，無論是上述的看法或科學的看法，它們都需要有遺體的存在，也需要家屬的參與。不過，此處的家屬參與和上述的參與不一樣，一個是為了處理自己與亡者的回憶，一個則是為了協助自己或亡者。此外，科學的看法不承認死後生命的存在，而上述的看法則承認死後生命的存在，只是存在的形態不太一樣。雖然如此，這些不同基本上也都可以統整到生者與亡者的關係中。

　　在上述探討的基礎上，我們現在可以對殯葬下一個比較具有包容性的定義，也就是說，所謂的殯葬就是藉著遺體的處理來處理生者與亡者的關係，經由這樣的處理過程，生者與亡者最終得到了安頓的作為。其中，生者可以藉著遺體的處理來盡孝，也可以協助亡者到他所要去的地方，它可以是科學所說的物質世界，也可以是傳統所說的祖先世界，也可以是宗教所說的下一世或解脫成佛的世界、天國（天堂）或地獄的世界。至於協助可以透過物理方式，也可以透過傳承承諾，也可以透過助念、超渡，或各自成就的無所協助。

五、殯葬如何進入生命教育之中

　　在了解殯葬真正的意義為何之後，最後還要探討殯葬如何進入

生命教育之中。爲什麼要探討這個問題？一般而言，殯葬要進入生命教育不是一個很簡單的問題嗎？說眞的，不是只要把殯葬的內容放在生命教育中就可以了嗎？表面看來，答案似乎是如此。可是，只要我們再做更深入的思考，就會發現答案似乎沒有那麼簡單。因爲，如果只是這麼做，結果就只是把殯葬看成是一種客觀的知識而已，那麼學生在接受這樣的知識時就會把它看成只是知識，如此一來，對學生的生命不見得會有什麼樣正面的幫助，更不要說用這樣的知識去體驗死亡，甚至於化解自殺的問題。

不僅如此，由於這只是把殯葬看成是一種客觀的知識，那麼對於所介紹的知識是正確的還是錯誤的，說眞的也不見得有人可以加以分辨。在缺乏分辨的情況下，學生所接受的知識自然以時下流行的知識爲主。問題是，時下所流行的知識是一種死亡禁忌底下的知識，通常都是蕭規曹隨，沒有人願意深究。既然如此，那我們怎麼知道這種知識的對與錯？最後，學生就隨著這種錯誤的知識去了解殯葬。

如果對於殯葬的了解僅止於此，那麼也就算了，因爲頂多就是錯誤而已，也不見得會有什麼不好的後遺症。可是問題沒有那麼簡單，實際上，這樣的錯誤知識會和死亡禁忌的內涵一起印入學生心中。一旦學生接受了這樣的知識，那麼他們就會進入死亡禁忌的氛圍。這麼一來，本來希望藉著殯葬課題的討論讓學生可以面對死亡，結果事與願違，反而讓學生愈來愈遠離死亡。所以，如果希望學生可以面對死亡，不要再陷入死亡禁忌的負面影響當中，那麼就必須提供正確的殯葬知識給學生，讓他們清楚了解什麼樣的殯葬知識才是沒有死亡禁忌的成分。

即使如此，我們用客觀了解的方式讓殯葬知識進入學生的心中，基本上還是有問題的，主要的問題出在進入的方式會讓學生認爲他們只是在學習一種新的知識，那麼只要了解這種知識就夠了，至於是否深入心中，那就不重要了。因爲，現在畢竟還沒有要死，也還沒有辦

喪事的需求，在一切都很遙遠的情況下，學習時只要記得這是一種知識就夠了，沒有必要考慮到它的實用性，甚至於將來自己有一天可能會需要。因此，我們要學生學習殯葬的知識，就不能採取這種客觀的進路，而要轉向其他的進路。

那麼，不能用客觀的進路，難道還有其他不同的進路嗎？根據我們的了解，還可以有體驗的進路。之所以會想到體驗的進路，是因為生命教育要的不是客觀的知識。如果只是客觀的知識，那麼這種知識對我們就很難產生親身體會的效果。一旦沒有這種感同身受的效果，到時在面對自殺問題時就很難使得上力。所以，為了讓這樣的知識可以被真實地感受到，在此必須使用體驗的進路。

雖然體驗的進路可以對殯葬的知識擁有感同身受的效果，但在此有一點必須注意的，那就是這樣的感同身受不見得對生命教育都是有利的，因為，如果感同身受發生在正面的知識上，那麼這時所產生的感同身受就是一種正面的作用。可是，如果是發生在負面的知識上，那麼這時所產生的感同身受就是一種負面的作用。從生命教育的角度來看，我們要的不是負面的作用而是正面的作用。如果作用是負面的，那麼它就會變成生命教育的阻力；如果作用是正面的，那麼它就會變成生命教育的助力。所以，在使用體驗的進路時必須非常地小心，如果沒有充分自覺到體驗進路的問題，那麼就有可能會出現負面的困擾。以下，我們舉個例子說明。

例如在體驗懷孕的問題上，過去我們的做法就是透過講述的方式讓學生了解懷孕的過程，希望學生藉著對懷孕知識的客觀了解體會懷孕的不容易。但是，由於這種方式過於抽象，結果學生很難體會老師所希望他體會的內容。因此，在覺察到這種客觀進路的缺點之後，生命教育開始採取體驗的進路，希望藉著這樣的體驗做法讓學生可以體會到我們希望他們體會的。在一般情況下，他們會設法讓學生模擬懷孕的狀態，就是在學生的肚子綁上一個大包袱，讓學生感受到懷孕

的壓力，由此讓學生體會到懷孕的辛苦。本來，這樣的體會是好的。媽媽在懷孕時的確是很辛苦的，可是，如果只是體會懷孕的辛苦，那麼學生可能就會出現負面的想法，認為將來還是不要懷孕比較好。因為，懷孕實在太辛苦了。問題是，我們要學生體會的不只是懷孕的辛苦，也要學生體會懷孕的喜悅。對媽媽而言，懷孕固然是一件辛苦的事情，但辛苦歸辛苦，它其實還孕育著新生命的誕生，對媽媽而言，這新生命的誕生不只是一種喜悅，也是一種希望。如果我們不能藉由體驗的進路把這種迎接新生命的喜悅和期盼帶進學生的體會當中，那麼這種體驗就是一種負面的體會，完全不能產生我們所要的效果。由此可見，在使用體驗進路時要充分了解可能有的副作用。

　　同樣地，當我們把體驗的進路用在死亡的體會上也是一樣。例如把自己放在棺木內，我們希望體會到的是如果我們已經死了，那麼就會覺得這樣的死亡好不好？如果我們認為這樣的死亡是好的，那麼我們就會心安理得地躺在棺木內。可是，如果自己認為這樣的死亡是不好的，那麼躺在棺木內就會感覺很不安。在此，我們的目的是體會生命不要在死亡之後才後悔，畢竟這個後悔是無濟於事的。如果不希望我們這一輩子白活，那麼就必須在活著的時候好好把握時間與機會。相反地，我們如果認為隨便活沒有關係，那麼在死的時候就不要後悔。

　　然而，事情通常不會那麼簡單。實際上，當我們躺在棺木內時可能抱持一種好玩的心情，那這樣的體會就不會產生我們所要的效果，也不會讓學生感受到死亡是怎麼一回事。同樣地，如果是學生躺在棺木之中，他不是體會到我們要他體會的死亡，而只注意到密閉的恐懼，這時，他不但無法藉著體會死亡而開始省思自己的生命，反而會出現逃避死亡的態度，認為死亡太可怕，無論如何都不要讓它發生。

　　至於殯葬設施的參訪更是如此。在參訪的過程中，如果看到的是不好的殯葬設施，那麼可能就會形成負面的印象，認為殯葬設施就是

這樣，如果有一天死了，那麼想到要在這樣的設施之中處理自己的死亡，那不是一件很可怕的事嗎？如此一來，我們對死亡就會形成逃避的態度，無法面對死亡。如果運氣很好，在參訪過程中看到的都是比較好的設施，那麼我們就會對死亡形成比較正面的印象，當有一天死了，就會認為自己所受到的死亡處理是可以接受的，在這種情況下我們就不會選擇逃避死亡，而可以形成面對的態度。

由此可見，體驗的進路雖然不錯，但它還是有自身可能有的困擾。如果不能充分地覺察到這樣的困擾，那麼就很難達成我們所希望的體驗結果，因此，在實施的過程中就必須特別注意上述的困擾。否則，在實施以後才想到類似的問題，這時可能已經為時已晚，很難找到補救的方法。

不過，問題不是到這裡就結束了，實際上還有進一步的問題需要處理。對我們而言，生命教育不是任由學生去體會。如果任由學生去體會，那麼這是正面的還是負面的體會很難去確定。如果是正面的體會也就罷了，因為這會符合我們的要求，但如果是負面的，那這樣的體會就會違反我們的要求，結果反而讓我們更加困擾。所以，我們的進一步責任就是引導學生往正面的方向體會。那要怎麼做才能產生正面的體會呢？

表面看來，這樣的努力似乎是不可能的。因為，無論再怎麼努力，我們對於死亡的體會基本上都是負面的，對於與死亡有關的殯葬那就更不可能產生正面的感受。那麼，我們還有沒有機會重新體會死亡，讓我們對於與死亡有關的殯葬也產生正面的感受？實際上，這是可以的。那麼，關鍵是什麼？就我們的了解，關鍵就在於對死亡意義的了解。過去對於死亡之所以會產生負面的體會，是因為受到死亡代表生命結束的影響。在這個意義的影響下，對於與死亡有關的殯葬處理自然也無法產生正面的感受。如果對於死亡的意義不再把它看成是生命的結束而是其他的，那麼這時對於死亡自然就有可能出現其他的

體會，對於殯葬當然也可能出現其他的感受。由此可見，要對死亡擁有什麼樣的體會，就要看我們怎麼去了解死亡的意義。同樣地，要對殯葬擁有什麼樣的感受，就要看我們對死亡的意義有什麼樣的了解。

現在我們清楚知道，對於死亡意義的了解會影響我們對於死亡的體會和殯葬的感受，因此，我們要用正確的死亡認知去體會死亡和感受殯葬。可是，只有這樣還不夠，因為有關死亡的認知只是整個調整的一部分。如果只有死亡認知的調整，而殯葬本身不調整，那麼也沒有辦法讓殯葬出現正面的感受。最主要的理由是，要讓學生出現正面的感受，那麼就必須有讓正面感受出現的條件。如果條件不足，那麼要產生正面感受就不可能。如果條件具足，那麼產生正面感受就有可能。從這一點來看，還要有條件的配合才行。

那這個條件是什麼呢？一般來講，這和生活水平有關係。如果生活條件很差，那麼對於殯葬的要求就不會太高，要對殯葬形成正面感受就很難。相反地，如果生活條件很好，對殯葬的要求就會很高，要對殯葬形成正面感受就比較容易[9]。為什麼會這樣呢？最大的關鍵就在於殯葬是在生活之中還是在生活之外。如果是在生活之中，那麼這樣的殯葬就比較容易跟上時代潮流，成為時代潮流的一環，在這種情況下，人就不會因著與生活的差距而排斥殯葬。可是如果在生活之外，那麼這樣的殯葬基本上和生活就會有一段比較大的差距，無形中也會讓殯葬成為一般人排斥的對象。所以，要對殯葬產生正面的感受，那麼和生活條件一致是很重要的事情。

除此之外，還需要進一步的條件。通常殯葬之所以會變化，不

[9] 關於這一點，我們從學生的反應看得很清楚。如果他看到的是金寶山最前面的殯葬設施，那麼他對殯葬設施的印象一定是負面的。雖然在當時，這樣的設施算是有錢人的設施。可是，如果他看到的是金寶山的玫瑰園，這樣的設計是超出生活的空靈意境設計，那麼這時他的反應一定是超乎意料之外的正面，原來與死亡有關的殯葬設施水準也可以好到比生活還高。

是殯葬本身想變化，而是受到環境影響的結果，在環境改變的要求下，殯葬開始往滿足生活條件的方向發展。可是，只有這樣的改變還不夠，因為，殯葬最核心的還是它的觀念。如果它的認知本來就有問題，那麼無論環境怎麼改變，配合這樣的生活條件還是無法達到我們想要的正面效果。如果它的認知沒有問題，那麼無論環境怎麼改變，只要配合生活條件的要求，自然就會出現我們想要的正面效果。就這一點來看，殯葬認知的正確與否是最重要的關鍵。

這麼說來，要怎麼認知才算是正確的殯葬認知呢？就我們的了解，過去對殯葬的認知是把殯葬執行看成是一種孝道的實踐，但隨著時代的變化，這種孝道的實踐愈來愈形式化，我們愈來愈覺得這樣的執行可有可無。既然如此，殯葬就變成是一種純粹為了滿足社會要求的作為。如果家屬認為這樣的作為沒有必要，那麼隨時會遭到取消的命運。如果家屬認為有必要，那麼即使已經沒有意義，它還是勉為其難地被保留著。無論如何，這樣的作為原則上已經違反了實踐孝道的要求，更不要說讓亡者有個歸宿，更何況是有關家的傳承的要求[10]。

可是，社會變遷歸社會變遷，殯葬歸殯葬，如果在社會變遷當中殯葬已經不能適應，那麼要調整的不是社會變遷而是殯葬本身，除非它已經不具存在價值，否則這種調整就有可能。那要怎麼調整呢？就我們的了解，就從孝道實踐的做法調整起。因為，對我們而言，實踐孝道是必要的，既然是必要的，那麼就沒有取消的可能。但現在在執行上出了問題，讓孝道的實踐無法滿足孝順的要求。為了滿足孝順的要求，當然需要調整與孝道實踐有關的做法，讓這樣的要求得以真實地實踐出來。

---

10 尉遲淦，〈從殯葬改革談清明祭掃與孝道實踐〉，「第三屆海峽兩岸清明文化論壇」演講稿（上海：上海公共關係研究院、財團法人章亞若教育基金會主辦，2013年3月），頁104-108。

　　問題是，要如何調整才能真正落實呢？對我們而言，唯一的做法就是恢復彼此之間的親情。如果親情無法恢復，那麼生離死別的傷痛就沒有辦法在喪禮中表現出來。當然，我們的意思並不是說把沒有感情的變成有感情，而是把原先有感情卻沒有辦法感受的重新讓他們感受到。透過感情的喚醒，那麼殯葬中的孝道實踐就會成為真實的，殯葬的所做所為也就會成為生命教育中的正面資糧。否則，在感情不真實的情況下，無論怎麼體驗殯葬，對於生命都不會產生正面的作用。

　　除了孝道實踐的部分之外，根據上述對於殯葬意義的了解，我們還有亡者的部分要調整。過去我們認為只要家屬按照傳統禮俗來送亡者，那麼亡者自然可以變成祖先，至於亡者是否真的成為祖先，對我們而言就不是需要考慮的事情。可是，隨著時代的變遷，在科學看法的挑戰下，我們開始質疑亡者死了以後成為祖先的可能性。如果亡者死了以後根本就不存在，那麼這種不存在的亡者如何可能成為祖先？為了證明亡者真的可以成為祖先，我們必須先解決兩個問題：第一個就是亡者死後真的還繼續存在；第二個就是亡者具有成為祖先的資格。

　　就第一個問題而言，我們很難證明亡者死後還繼續存在。因為，從經驗的角度來看，人死之後是否繼續存在是無法證明的。雖然如此，這不表示亡者死後就一定不存在。實際上，我們永遠無法證實亡者死後是存在還是不存在。既然如此，這種不確定的結果就可以為我們找到一種可能的解決答案，那就是亡者死後的存在還可以作為一種可能性被保留。只要保留了這樣的可能性，我們就可以說第一個問題的答案暫時被找到了。

　　就第二個問題而言，在亡者死後繼續存在的可能性被保留之後，我們進一步要問的就是，這樣的存在要如何才能變成祖先？就傳統禮俗的要求來看，變成祖先的條件就是要完成傳家的任務。如果亡者沒有完成傳家的任務，那麼他死後就沒有機會成為祖先。因此，我們要

如何判斷亡者有沒有成為祖先，就要看他有沒有完成傳家的任務。從前面的討論來看，亡者有沒有完成傳家的任務，除了要祖先和神明的見證之外，還要有家屬的承諾配合。至於亡者本身，就要看他生前有沒有善盡傳家的責任。所謂傳家的責任，指的是有沒有完成家的主權傳承、財務傳承、精神傳承、規矩傳承等，如果這些事情都做到了，那麼當然就算完成了家的傳承責任。如果都沒有做到或做得不完整，那麼他當然就沒有完成家的傳承責任。

過去，面對這樣的事情時處理得很簡單。例如完成家的傳承責任，那麼亡者不僅可以善終，也可以成為祖先。可是，如果不是這樣，從過去的要求來看，那麼亡者似乎只能沒有善終，也不能成為祖先。問題是，對家屬而言，這樣的結果是無法讓他們心安的，我們必須改變這樣的結果。也就是說，當亡者生前沒有辦法完成他的傳承責任時，身為家屬需要協助他們改變，讓亡者有機會被祖先與神明重新接納成為祖先。如果可以，那麼不僅亡者可以被安頓，生者的安頓也才有真實的意義，否則，只有安頓生者而亡者沒有得到安頓的情況下，生者的安頓也很難產生真實的作用。

由此可見，要讓殯葬進入生命教育不是一件簡單的事，不僅要釐清殯葬原先所含的死亡禁忌成分，還要正確了解殯葬的意義，甚至於還要落實殯葬的執行內容與效果。唯有如此，殯葬對生命教育來說才不會只是一個協助體會死亡的工具，而是能夠真正協助生命教育落實生死兩相安目標的存在課題。

六、結語

在經過漫長的討論之後，現在可以對生命教育的意義與殯葬課題的探討做個總結。根據我們的探討，生命教育的出現是一個很偶然的機會，但它要處理的問題卻是很嚴重的。因為，它牽涉到青少年的

生命。雖然如此，這不表示這樣的處理就是我們本土的處理。對我們而言，本土的處理就是道德教育的處理。可是，由於道德教育無法處理，所以只好從西方取經，借鏡於西方的生命教育。不過，在借鏡的過程中我們發現，西方的生命教育雖然可用，卻不是很合用。在這種情況下，只能針對我們自己的需要加以取捨。對我們而言，西方可以借鏡的就是對於生命的尊重理念與體驗的方法。透過這樣的借鏡，我們形成了自己的生命教育。

　　雖然我們很清楚要解決的是青少年的不倫、自殺問題，但在死亡禁忌的影響下，實無法直接從死亡切入。因為，我們擔心直接從死亡切入的結果，不知會不會讓青少年更往不倫、自殺的路上走，因此，只好從生命本身著手，但這樣要如何才能解決青少年的不倫、死亡問題卻需要大費周章。在這種情況下，我們把青少年的不倫、自殺問題往道德方向引導，認為他們之所以會這樣做，是因為他們對於生命的道德認知是錯誤的，他們誤以為這樣做的結果就可以解決問題，而沒有想到可能會傷害他們的家人以及種種道德的後果。為了不讓他們後悔，我們設法讓他們在生命教育中對生命有正確的認知與體會。這麼一來，他們就不會再受到這些錯誤認知的誤導，也不會做出讓自己後悔的事情。

　　可是，問題並沒有那麼簡單。因為，青少年的不倫、自殺問題不是只和生命、道德有關，也和死亡有關。如果不去理會死亡的問題，而認為只要處理生命、道德的部分就可以，那麼即使對生命、道德有真實的體會，也不見得可以真正解決青少年的不倫、自殺問題。之所以如此，其中的關鍵就在於生命與死亡之間是有差距的。如果沒有差距，那麼解決生命的問題就等於解決死亡的問題。如果有差距，那麼解決生命問題不等於解決死亡問題。所以，為了真正解決青少年的不倫、自殺問題，我們需要正視生命與死亡之間的差距。換句話說，傳統的善吾生即善吾死的看法是需要調整的。

　　不過，在面對生命與死亡的差距時，有個問題需要特別注意，那就是死亡禁忌的問題，如果沒有正視這個問題，那麼就會忽略死亡禁忌對我們的影響。實際上，死亡禁忌存在於文化的各個層面。當我們在面對從生到死的種種問題時，都會察覺到它的存在，因此在面對青少年的不倫、自殺問題時才會避開死亡的名稱，也才會在課題討論時不敢直接面對死亡。所以，要真正面對青少年的不倫、自殺問題，我們需要先了解死亡禁忌的存在並進一步覺察它，這樣做才有可能避開它的干擾。

　　在了解死亡禁忌的因素之後，就可以進一步討論生命教育的意義。對我們而言，生命教育之所以被定義成：從生命價值與意義的重建來解決問題是一件可以理解的事情。可是，這樣定義的結果可能會讓問題被誤解，以至於無法解決問題。為了真正解決問題，需要將死亡的因素加進來。因為在不知死亡意義與歸宿的情況下，很難解決青少年的不倫、自殺問題。因此，在加入死亡因素後，就可以讓青少年了解死亡究竟是什麼，也可以知道死後的歸宿為何，這時青少年在面對不倫、自殺的問題時就會有比較完整的思考，也才能清楚了解他們可能要背負的生死責任為何。

　　表面看來，問題的討論似乎到此就可以結束了，其實也沒有那麼簡單。因為，加入死亡因素雖然是個正確的抉擇，但要如何加入卻是一個很大的問題，需要做進一步的討論。如果死亡因素只是一個課題的加入，那麼對生命教育而言是沒有意義的，最主要的理由是不能只是客觀的加入，那對青少年而言只是增加對死亡的知識，而不能對死亡有感同身受的體會。可是，對我們而言，只有感同身受的體會才能在關鍵時刻產生作用。所以，死亡因素的加入就必須是體驗式的加入。

　　那麼，要怎麼做才能有體驗式的加入？就我們的了解，這種方式不能只是純觀念的教導，否則它只是一種客觀抽象的認知。對生命教

育而言，這種客觀抽象的認知是沒有用的，它必須能夠深入青少年的心中。為了達到這個目的，我們不能只從觀念著手，而要從殯葬設施具體進入。如果可以這樣做，那麼青少年就會從殯葬設施的具體死亡處理中體會到生命的意義。

可是，只有這樣的體會還不夠，因為，它不見得就是正面的體會。如果是負面的，那麼在體會的過程中不但不能讓青少年面對死亡，反而可能讓他們形成逃避的態度，所以，在參訪殯葬設施時要很注意這一點。如果忽略了，那等到問題形成時就很難有補救的機會。為了不讓他們產生逃避的心理，在參訪殯葬設施時就必須慎選殯葬設施。不過，有時要做到這一點是有困難的，因為殯葬設施的水平是由生活進步與否來決定的。倘若一個地方生活水平愈高，那麼它的殯葬設施可能就會比較先進，那要形成比較正面的感受就比較容易。反之，如果這個地方的生活水平比較低，那它的殯葬設施就比較落後，這時要形成比較正面的感受就比較困難。

話雖如此，真正決定我們對死亡感受的不只是這些殯葬設施，更重要的是，我們對於死亡和殯葬意義的了解。如果我們把死亡的意義了解成生命的永恆結束，那就算我們要青少年對死亡形成正面的感受，這種要求也是緣木求魚。可是，如果不這樣去認知死亡的意義，而轉向其他的可能性，那麼在死後還有存在可能的影響下，他們就可能形成正面的感受。

同樣地，有關殯葬意義的了解也是一樣。如果殯葬的意義就是家屬孝道的實踐，那麼在亡者無法得到安頓的情況下，這樣的實踐也無法安頓家屬的心。如果要真正安頓家屬的心，那麼就必須安頓亡者。在過去傳統的背景下，我們認為這樣的安頓沒有問題，但現在在科學的挑戰下，就必須重新思考這種安頓的可能性。在此，我們要解決兩個問題：一個是亡者死後存在的問題；一個是亡者成為祖先的資格。就前者而言，由於經驗的無法確定，所以我們保留亡者存在的可能

性。就後者而言，只要亡者生前具足傳承的資格，那麼成爲祖先就有可能。

　　經過這樣的了解，我們就會發現生命教育不只是與生命有關的教育，也是與死亡有關的教育。如果眞要解決青少年的不倫、自殺問題，那麼我們就必須同時解決死亡意義與殯葬意義的問題。唯有正確了解與實踐死亡的意義與殯葬的意義，我們才能眞正落實生命教育中對於生死兩相安的終極目標。

生命關懷事業叢書

生命教育研習手冊

作　　者／尉遲淦、邱達能、張孟桃
出 版 者／揚智文化事業股份有限公司
發 行 人／葉忠賢
總 編 輯／閻富萍
地　　址／新北市深坑區北深路三段 258 號 8 樓
電　　話／(02)8662-6826
傳　　真／(02)2664-7633
網　　址／http://www.ycrc.com.tw
 E-mail ／ service@ycrc.com.tw
 I S B N ／978-986-298-356-0
初版一刷／2020 年 11 月
定　　價／新台幣 350 元

國家圖書館出版品預行編目（CIP）資料

生命教育研習手冊/尉遲淦，邱達能，張孟桃
著. - 初版. -- 新北市：揚智文化事業股份
有限公司, 2020.11
　　面；　公分. --（生命關懷事業叢書）

ISBN 978-986-298-356-0（平裝）

1.生命教育

528.59　　　　　　　　　　　　109019350